VICTORIA SOBRE
LA ARTROSIS

salud&vitalidad

VICTORIA SOBRE LA ARTROSIS

Los últimos tratamientos de la artrosis y de la artritis

➤ La molécula que reconstruye el cartílago
➤ Las plantas que han demostrado su eficacia
➤ El régimen antidolor

Dra. Charlotte Tourmente

 HISPANO EUROPEA

Índice

Introducción

La artrosis... Su abuela se queja a menudo, su vecino la tiene y quizá usted mismo.

Y si todavía no se ha manifestado, ¿no nota que sus articulaciones se vuelven más frágiles a medida que pasan los años?

La artrosis es la más frecuente de las enfermedades articulares. Afecta al 17% de la población. Aunque las personas mayores son las más afectadas, no son las únicas que padecen esta enfermedad. Sin embargo, el término artrosis se utiliza frecuentemente «a tontas y a locas»: se mezclan reumatismos, poliartritis, o incluso gota, muy fácilmente. ¡Nada más normal! Todas estas afecciones, de orígenes diversos, tienen en común las articulaciones. Entonces, ¿qué es la artrosis? ¿Cómo se manifiesta? ¿Con qué enfermedades no debe confundirse? Una vez hecho claramente un diagnóstico, ¿cómo tratarla? ¿Qué medicamentos se han de tomar? ¿Hay que considerar la cirugía? Y ¿por qué no tener en cuenta a las plantas? Algunas son de una notable eficacia para aliviar los dolores articulares. Todos estos temas se abordan en esta obra, que también le permitirá descubrir que la alimentación desempeña un papel importante.

Incluso bien tratada, la artrosis puede ser responsable de dificultades en la vida cotidiana. Practicar deporte puede ser algo verdaderamente beneficioso. Entonces, muévase, pero es importante saber cómo hacerlo. ¿Sabía que ciertos mo-

vimientos de la vida corriente pueden agravar directamente la enfermedad? Hay que saber evitarlos y utilizar los buenos gestos. Al final de esta obra se incluye la descripción de las posiciones correctas que se han de adoptar en la vida cotidiana para proteger sus articulaciones y, sobre todo, para vivir bien con su artrosis. Aunque esta obra no es exhaustiva, su objetivo esencial es responder a las preguntas que se plantean con más frecuencia, así como mejorar su vida cotidiana o la de las personas que la padecen en su entorno. Si éste es el caso cuando cierre este libro, entonces se habrá cumplido nuestro objetivo.

Cuando las articulaciones dan señales de fatiga

El dolor es el primer síntoma de la artrosis... Cuando se manifiesta, el proceso ya ha comenzado. En ciertas personas, la artrosis también puede permanecer totalmente silenciosa.

El dolor es variable, algunas veces sordo y moderado y otras veces muy violento. Por regla general, al principio se manifiesta después de un esfuerzo o una caminata un poco larga, pero es totalmente soportable. Desaparece con el reposo. Después, a medida que la artrosis se desarrolla, los dolores se vuelven más fuertes y sobrevienen con cada movimiento, por mínimo que sea. Con el transcurso de los años, la articulación llega a ser dolorosa, incluso en reposo y durante la noche.

«Me siento tan rígido»

Por la mañana, al levantarse, se tiene la sensación de que nuestro cuerpo no podrá moverse. Al principio, la rigidez no dura mucho tiempo y se supera rápidamente. Es como si uno estuviera «enmohecido» o muy entumecido: por ejemplo, le cuesta doblar la rodilla para levantarse, y frecuentemente es necesario esperar para recuperar una parte de su flexibilidad. Es lo que se llama «desentumecimiento matinal». En función de las

Sueño y dolor

Un gran número de personas que sufren de artrosis se quejan de dolores nocturnos (hasta un 60% según los estudios). El dolor perturba el sueño, pero parece ser que, a su vez, la falta de sueño exacerba la sensación de dolor. Es importante hablar con su médico y describirle con precisión sus síntomas a fin de que él considere este aspecto de la enfermedad.

personas y de la progresión de la enfermedad, puede durar de unos minutos a varias horas. Esta sensación de no poder utilizar sus miembros normalmente también se manifiesta durante la jornada.

Las articulaciones tienen tendencia a bloquearse cuando se permanece inmóvil demasiado tiempo, como en el caso de una sesión de cine o durante un trayecto en coche. Se habla también de dolor «mecánico»: la articulación, agarrotada, no funciona normalmente.

¿Por dónde comienza la artrosis?

La artrosis actúa en principio sobre las articulaciones que sostienen el cuerpo. Así pues, afecta primeramente a la rodilla de un solo lado. La otra rodilla se verá afectada más tarde, o de manera menos importante. Las caderas son el segundo lugar más afectado por la artrosis. Después, sufren a menudo las vértebras de la parte baja o alta de la espalda, o los dedos de la mano.

«Crujo como una puerta desvencijada»

Se habla frecuentemente de crujido de las articulaciones, y los médicos citan la «crepitación» que aparece cuando la artrosis ya ha evolucionado de manera consecuente. Puede escucharse el famoso «crac» con más intensidad en un movimiento de la rodilla, y raramente de la cadera. Afecta con frecuencia a los dedos. A veces la intensidad del ruido es sorprendente, pero aunque sea grande generalmente no hace daño. El paciente percibe una sensación un poco extraña, «sorda». El ruido proviene simplemente del hueso que roza contra el otro hueso que participa en la articulación, cuando el cartílago no está para amortiguar el movimiento.

A cada edad su artrosis

La artrosis que hace sufrir a tantas personas después de los 45 años es una evolución lenta y casi «normal»: se debe sencillamente al envejecimiento del esqueleto. Afecta esencialmente a las caderas y las rodillas, las dos articulaciones que sustentan el cuerpo. Los dedos, las vértebras lumbares (parte baja de la espalda) y las cervicales (en el cuello) también pueden verse afectadas.

Cuando la artrosis sobreviene antes de los 40 años, lo más frecuente es que sea consecuencia de un problema surgido en la articulación: puede ser debida a una infección articular, ligamentos demasiado flojos, un traumatismo o una herida, un desequilibrio metabólico (gota, por ejemplo), o incluso a un postoperatorio de la articulación.

Cuando las articulaciones se usan de forma muy simple

La artrosis es un reumatismo crónico que afecta al 17% de la población en nuestro país. Está estrechamente ligado a la edad; después de los 65 años, más de una persona de cada dos la padece.

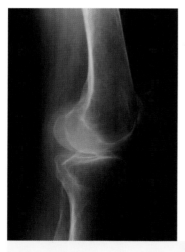

La artrosis se debe a la destrucción progresiva del cartílago de las articulaciones. Cuando el cartílago pierde la flexibilidad y elasticidad que le permiten asegurar el buen funcionamiento de las articulaciones, el mecanismo se deteriora. El espesor del cartílago que recubre las extremidades de los huesos en las articulaciones disminuye y ya no permite amortiguar el roce de los huesos entre sí. Para ilustrar el caso de la artrosis, se puede tomar el ejemplo de una rodilla afectada (ver esquema). Pero sucede lo mismo en todas las articulaciones muy móviles, como las de la cadera o las de los dedos. En todos los

El cartílago

Es una sustancia blanca azulada, lisa, parecida al caucho. Elástico, muy flexible y resistente a la vez, se compone de células llamadas condrocitos, que le permiten renovarse, de fibras de colágeno y de grandes moléculas esponjosas. Existen cuatro tipos de cartílago:

– el cartílago de conjugación que permite el crecimiento óseo en los niños;

– el cartílago muy blando de las orejas;

– un cartílago muy fibroso en los meniscos de la rodilla o los discos intervertebrales;

– el cartílago hialino que recubre las extremidades de los huesos, en las articulaciones. Éste es el que se ve afectado por la artrosis.

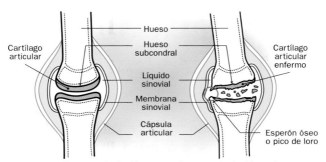

Esquema de una articulación sana y de una articulación enferma

En este esquema, el cartílago está presente sobre el hueso a uno y otro lado de la articulación. En el centro, una cápsula une los dos huesos. Está tapizada con una membrana encargada de segregar el líquido sinovial, lubricante de la articulación. El papel del cartílago es absorber el líquido sinovial cuando la rodilla está en reposo y devolver este líquido cuando se camina, a fin de que juegue su papel protector. La presión del cuerpo sobre la rodilla y el movimiento que comprime el cartílago, «presionado» como una esponja, que envía así el líquido sinovial a la articulación. Este vaivén del líquido durante los movimientos permite el buen desarrollo de la marcha o de cualquier esfuerzo de la rodilla. Cuando el cartílago está erosionado por la artrosis, ya no consigue distribuir correctamente el líquido sinovial ni proteger las articulaciones.

casos, cuando el cartílago es erosionado por la artrosis, no consigue proteger más a las articulaciones.

Erosión progresiva del cartílago

La erosión del cartílago comienza bastante antes de que aparezcan los primeros dolores. Además de erosionarse, el cartílago se desgasta, se resquebraja, se vuelve más blando y se desgarra. La articulación afectada es cada vez más dolorosa. El hueso se deteriora progresivamente por los roces que sufre directamente.

El cuerpo dispone de medios de defensa: las células constructoras, los condrocitos, tratan de producir cartílago a fin de compensar el que se ha perdido. Pero frecuentemente es insuficiente y el cartílago continúa erosionándose. Las tentativas de reparación se traducen entonces en pequeñas excrecencias óseas que deforman la articulación: son los famosos «picos de loro» u osteofitos, también denominados «esperones óseos». Generalmente en esta fase sobreviene la inflamación. En los casos más graves, el cartílago desaparece totalmente.

Las articulaciones, objetivo de la artrosis

La artrosis no afecta al tobillo, ni al codo, ni a la muñeca más que cuando estas articulaciones han sufrido un golpe. Afecta principalmente a las rodillas, las caderas y las vértebras, por una simple razón de peso: son los puntos de apoyo sobre los cuales reposa el cuerpo.

Las rodillas

¡Es la articulación preferida por la artrosis! Con frecuencia no hay síntoma alguno, y entonces se diagnostica la artrosis por azar o cuando la articulación se bloquea.

Sin embargo, en la mayoría de casos, el dolor, variable, caprichoso, mínimo al principio, se vuelve cada vez más molesto. Con frecuencia se localiza delante de la rodilla y desciende hacia abajo a causa de la alteración progresiva de la articulación entre el hueso de la pierna (tibia y peroné) y la rótula. Subir o bajar las escaleras, caminar sobre un terreno accidentado, agacharse, permanecer sentado durante mucho tiempo, todo ello se convierte en una dura prueba. Por el contrario, andar por terreno llano es indoloro. Atención, el dolor en una rodilla puede tener su origen… en la cadera. Siempre debe efectuarse un examen de la misma en caso de queja (ver a continuación).

Articulaciones más afectadas por la artrosis

Las caderas

A cada paso, las caderas soportan la totalidad de nuestro peso. El dolor se sitúa generalmente en el pliegue de la ingle, la región que une el muslo y el tronco, a veces por el lado externo o en el muslo. Puede descender a lo largo del muslo y llegar a la rodilla.

La marcha a pie y los movimientos de rotación hacen daño; llega a ser difícil ponerse los calcetines o las medias, o inclinarse para lavarse los pies. Una persona de cada diez no experimenta evolución de la artrosis de la cadera: el dolor permanece pero la articulación sigue funcionando. Cuando el deterioro del cartílago es extremo, se debe recurrir a una prótesis (éste es el caso después de una decena de años, como promedio). Con mucha frecuencia, la artrosis afecta también a la segunda cadera.

Las vértebras

Todas las vértebras pueden verse afectadas, pero especialmente las cervicales y las lumbares. El que sufre es el disco que une cada vértebra, a fin de facilitar los movimientos y de absorber los golpes. En efecto, frecuentemente se transportan objetos pesados sin prestar atención a la espalda. A la larga esta articulación también se desgasta y provoca dolores. Además, las vértebras se modifican para adaptarse, y los nervios que salen de la columna vertebral son frecuentemente comprimidos y, por tanto, son fuente de nuevos dolores. Se suele hacer referencia al dolor de espalda como el dolor del siglo. Sin duda, una expresión exagerada, pero que refleja una realidad. Hay que reconocer que la espalda, solicitada constantemente, está sometida a duras pruebas. Y no la cuidamos en absoluto. ¿Quién se sienta siempre recto? ¿Quién presta atención a moverse lentamente, a no estar demasiado tiempo en mala posición, o a dormir sobre el costado, con una rodilla doblada? La práctica de una actividad física regular permite desarrollar los músculos de la espalda, así como los abdominales: ayudan a mantenerse recto y a minimizar el papel de la espalda. Todo ello se explica con detalle más adelante.

Principales factores de riesgo

- La edad
- El sexo (afecta más a las mujeres)
- La herencia
- Los golpes y los traumatismos articulares
- El sobrepeso y la obesidad
- Las malas posiciones y las cargas pesadas
- Las enfermedades inflamatorias

El dorso de la mano

El 10% de las personas de más de 50 años (sobre todo las mujeres) tienen artrosis en los dedos. Frecuentemente es hereditaria. Los dedos están inflados y a veces dolorosos. La falange distal (la más próxima a la uña) es la que se deforma más, y después la falange próxima (la más cerca de la mano). Cada vez es más difícil escribir, utilizar los dedos durante mucho tiempo o realizar movimientos precisos. Cuanto más se envejece, mayor es el número de articulaciones enfermas. La artrosis es muy frecuente en el dorso de las manos. El dolor se atenúa a costa de una disminución de la movilidad.

¡Todo el mundo tiene artrosis!

En España, 5 millones de personas son diagnosticadas de artrosis cada año. Es una enfermedad tan antigua como el mundo, que afecta más a las mujeres que a los hombres.

Una enfermedad muy extendida

La artrosis es una enfermedad que el hombre ha sufrido desde siempre. Dan testimonio de ello los esqueletos que se han encontrado de nuestro antepasado el *homo sapiens sapiens*. Por tanto, en las personas de edad la artrosis es un fenómeno normal, ligado al envejecimiento del organismo. Alrededor del 90% de las personas de más de 65 años la padecen.

Sin embargo, la artrosis también puede declararse en personas más jóvenes, por diferentes razones: el 9% de personas de menos de 21 años ya están afectadas por la enfermedad. Se trata en este caso de una artrosis ligada a traumatismos, o como resultado de una operación de la articulación. La artrosis afecta a un 17% de la población, incluyendo todas las edades. Según cifras obtenidas por el Instituto Nacional de la Salud y por la investigación médica con 145.000 personas durante varios años, el 14% de personas entre 30 y 50 años tienen artrosis.

Los datos de un estudio americano han permitido precisar la frecuencia de las manifestaciones, ya que la artrosis puede perjudicar las articulaciones sin dolor ni inflamación. Sólo un 3% de las personas comprendidas entre 45 y 54 años sienten dolores de artrosis. Por el contrario, entre 65 y 74 años, el porcentaje de quienes se quejan es de un 15%.

La artrosis es una enfermedad crónica, que evoluciona con el transcurso de los años, y cuyos signos son muy variables de un enfermo a otro.

Las mujeres, más afectadas que los hombres

Después de la edad de 55 años, se constata que las mujeres están más afectadas que los hombres. Ellas representan dos enfermas de cada tres. Esta vulnerabilidad quizá podría ligarse con la osteoporosis, que es un proceso de fragilidad de los huesos debido a los trastornos hormonales de la menopausia. Los huesos de las articulaciones también serían más frágiles y no favorecerían el buen funcionamiento de las mismas. Por otra parte, un estudio americano ha demostrado que las mujeres están afectadas más seriamente que los hombres. A la misma edad, o después del mismo número de años con la enfermedad, sus articulaciones están más dañadas que las de los hombres. El número de articulaciones afectadas también es más importante. Las causas todavía no se han determinado bien: ¿Son hormonales? ¿Son genéticas ligadas al sexo femenino?

Cuando la enfermedad evoluciona

La artrosis se instala progresivamente. A veces evoluciona por accesos, en el curso de los cuales se destruye el cartílago más blando y más frágil. La articulación está particularmente rígida, inflada, roja, y en estos momentos el dolor se vuelve más persistente. Después de varios años, los dolores se manifiestan de manera diferente. Sobrevienen con más frecuencia, en cualquier momento de la jornada, persisten más tiempo y comienzan a molestar también por la noche. Los músculos adyacentes pueden volverse sensibles e incluso dolorosos.

Las primeras señales de la artrosis

Cualquiera que sea el sexo, entre los 50 y los 60 años se manifiestan las primeras señales de la artrosis. En los primeros meses, o en los primeros años, el dolor sobreviene después de un esfuerzo físico, o cuando se ha forzado demasiado. Luego tiene tendencia a declararse a partir del momento en que se siente la fatiga. En algunas personas, se manifiesta más bien al final de la jornada: las articulaciones son dolorosas por la noche al acostarse, pero no por la mañana ni en plena noche.

Factores de riesgo de la artrosis

Todo el mundo tiene artrosis, ya que la degeneración del cartílago está ligada principalmente con la edad. Sin embargo, ciertos factores aumentan el riesgo de tener esta enfermedad.

Las mujeres, más vulnerables después de los 50 años

Las mujeres están protegidas por sus hormonas sexuales, los estrógenos, solamente hasta la menopausia, periodo en el que caen brutalmente. Por eso se observa una recrudescencia de la enfermedad en las mujeres a partir de los 50 años. Para prevenir la artrosis, al igual que la osteoporosis, las mujeres deben realizar una actividad física regular, y dar primacía toda su vida a una alimentación rica en calcio y equilibrada.

Se distinguen tres grandes grupos de factores de riesgo:

- los factores genéticos: están determinados desde nuestro nacimiento. Provienen de los genes de nuestros padres, pero también de accidentes o de una infección en el curso del embarazo. Son anomalías congénitas;
- los factores adquiridos, que corresponden a acontecimientos ligados con el curso de nuestra vida, como el envejecimiento o el peso;
- los factores ambientales: van ligados al trabajo, a la actividad deportiva, etc.

Genes que juegan malas pasadas

Los investigadores han demostrado que la artrosis está ligada con el sexo. Más allá de los 50 años, es mucho más frecuente en la mujer, ¡sobre todo en la rodilla! Una debilidad muscular, especialmente del músculo del muslo, también puede ser responsable de una artrosis de la rodilla. Las enfermedades congénitas aumentan también el riesgo de artrosis, que es frecuente en la cadera…, otros tantos elementos ligados a la herencia genética. A la vez factor genético y adquirido, se encuentra el estado hormonal de las mujeres: el sexo y las hormonas conjugadas, que producen estragos.

Una vida que desgasta las articulaciones

El envejecimiento, la obesidad y el estado hormonal son gajes de la vida. No se puede actuar sobre la edad, pero sí podemos prestar atención a nuestro peso. Si se evitase la obesidad, disminuiría de un 25 a un 50% la artrosis de la rodilla, según ciertos investigadores. La edad interviene también en el desarrollo de la artrosis: el 52% de los adultos de más de 75 años tienen al menos una articulación afectada. Cuanto más se envejece, más se deteriora el cartílago de nuestras articulaciones, lo que propicia así la instalación de la enfermedad. Las infecciones de las articulaciones también destruyen la articulación si no se tratan a tiempo (ver página 24). Todas las afecciones de las articulaciones y los huesos pue-

Estrés y dolor de espalda

¡Incluso la vida psicológica y sus gajes intervienen! La timidez, el nerviosismo, el agotamiento por cansancio excesivo o también el estrés pueden traducirse en un dolor de espalda. Un duelo, un estado depresivo o incluso un conflicto pueden fragilizar también físicamente.

den favorecer una artrosis. Es el caso de enfermedades metabólicas, como la gota. Las intervenciones quirúrgicas, con su riesgo de infección, pueden generar igualmente la artrosis. Las operaciones del menisco, en particular, favorecen la artrosis de la rodilla.

También nuestro entorno encubre trampas: las ocupaciones físicas y profesionales que comportan gestos repetitivos desgastan progresivamente las articulaciones. Eso concierne a los obreros, albañiles, oficios de mantenimiento, etc. Los traumatismos y las lesiones articulares que se derivan de los mismos son también causa frecuente de artrosis.

Por último, incluso las actividades recreativas pueden implicar riesgos para nuestras articulaciones: la jardinería, los deportes un poco violentos. Por el contrario, nuestra alimentación puede ayudarnos a luchar contra la artrosis si se incluyen aportes de vitamina C y D, tal como demuestran estudios recientes.

¿Cómo saber que se tiene artrosis?

Articulaciones dolorosas, rígidas por la mañana, que crujen... son algunas de las señales reveladoras. Sin embargo, es necesario consultar con un médico para establecer un buen diagnóstico.

Una enfermedad que juega al escondite

La artrosis puede permanecer oculta durante mucho tiempo. Los dolores sólo aparecen después de haber comenzado el proceso de destrucción del cartílago. En función de los dolores presentes, se distinguen 4 fases en la enfermedad:

1 fase: La artrosis existe, pero la persona no siente nada, los médicos hablan de artrosis de sonido bajo (o artrosis asintomática).

2 fase: Sólo está presente el dolor, pero no las otras señales, tales como la rigidez o el crujido (artrosis dolorosa no activada).

3 fase: Están presentes todos los síntomas de la enfermedad (dolor, rigidez, crujido). Se dice que la artrosis está activada.

4 fase: La enfermedad se vuelve difícil de tratar, y las manifestaciones se multiplican (artrosis descompensada).

¿Qué debo decirle a mi médico?

Si sufre de las articulaciones, su médico de cabecera le pedirá en primer lugar que describa sus dolores: ¿Dónde le duele? ¿Se mueve el dolor de sitio? ¿Es muy fuerte? ¿Es como si tuviera tirones? ¿Es más bien como una pulsación? ¿Le cuesta caminar o subir escaleras? ¿Le molesta tanto el dolor en la vida cotidiana que llega a perturbar sus actividades? ¿Está la articulación inflada, rojiza, señal de una inflamación?

Recuerde decirle a su médico si recientemente ha tenido fiebre, si ha perdido el apetito, si ha adelgazado. En tal caso, estas precisiones le harán pensar en la artritis, una inflamación de las articulaciones.

También es importante indicarle si su actividad profesional exige trasladar cargas pesadas, o bien si otros miembros de la familia sufren de artrosis o han sido operados de las articulaciones.

Al final de esta consulta, el médico examinará sus articulaciones para comprobar la importancia de las molestias que ocasiona la artrosis sobre su movilidad.

Si sufre de la rodilla, el médico examinará su articulación en tres posiciones:

- de pie, a fin de localizar eventuales deformaciones de la articulación;
- caminando, para evaluar las dificultades de avance y la necesidad de utilizar un bastón;
- en posición acostada: ciertos movimientos son frecuentemente dolorosos. Las torsiones, cuando uno se gira, por ejemplo, hacen trabajar la articulación forzándola. El médico reproducirá este movimiento para «verificarlo».

¿Qué otros exámenes se necesitan?

Las radiografías de la articulación o de las articulaciones dolorosas permiten confirmar el diagnóstico del médico. Pueden revelar varias señales clásicas. Una radiografía refleja con retraso la enfermedad y las modificaciones en los huesos. No hay paralelismo entre la intensidad de los dolores y la importancia de las señales radiológicas: ciertas lesiones visibles en una radiografía quizá no impliquen molestia alguna.

Ante una duda, algunas veces se necesita un análisis de sangre. Entonces se mide la «velocidad de sedimentación» y la tasa de «proteína C reactiva», que permiten evaluar el grado de inflamación. Esta última es liberada por el cuerpo como reacción ante una herida, una infección o una inflamación. Su tasa sanguínea aumenta sistemáticamente en caso de inflamación. En este caso, el médico excluye el diagnóstico simple de artrosis.

Comprender una radiografía en tres palabras

En una radiografía, tres señales básicas revelan la artrosis

– La osteofitosis: los huesos producen tejido óseo para luchar contra la destrucción articular. La osteofitosis es más conocida generalmente bajo el nombre de «picos de loro».

– Aparece una disminución del espacio existente entre las dos superficies óseas, llamado «interlínea». Es el famoso «pinzamiento de la interlínea».

– Las «geodas» son zonas de destrucción del cartílago que pueden extenderse a la articulación cuando la evolución es importante. Esto traduce también el sufrimiento de la articulación.

Enfermedades engañosas

Todo dolor articular no va ligado necesariamente a la artrosis clásica. Antes de los 45 años se debe ser prudente y hacer un examen completo.

Numerosos dolores son llamados «proyectados»: se tiene la impresión de que el problema se encuentra allí donde duele, mientras que el origen del dolor está en otra parte. Es el caso, por ejemplo, de un dolor de la nalga que se cree va ligado a la destrucción progresiva de la articulación de la cadera, pero que, en realidad, se debe a la compresión de un nervio. Otro caso es el de la «ciática», que se traduce por una molestia en la nalga o a lo largo del muslo. Lógicamente, el nervio comprimido debería ser doloroso en toda su extensión. Algunas veces el dolor «se detiene» en su camino y se reanuda más tarde.

Los niños a veces también están afectados

Los niños no se salvan de las inflamaciones articulares. Un niño de cada mil sufre de artritis crónica juvenil. Esta enfermedad, que afecta a una o a varias articulaciones, se declara antes de los 16 años, sin que se conozca la causa. Puede desaparecer enteramente o manifestarse por accesos. Felizmente no es una enfermedad hereditaria.

El dolor inflamatorio

Ciertas formas de artrosis pueden revestir un aspecto más inflamatorio que mecánico. En un acceso de la enfermedad, hay un aumento de señales. En este caso es necesario asegurarse realmente de la naturaleza puramente mecánica de la afección, a fin de descartar a la artritis, una inflamación de la articulación. Unas radiografías y

¿Qué es una «punción»?

La punción en una articulación que forma parte del examen que se realiza cuando una articulación está inflada, señal de un mal funcionamiento de la misma. Es el caso de ciertas enfermedades en que el líquido presente en la cavidad articular ya no se absorbe. Se introduce una aguja fina en el lugar inflado para extraer un poco de líquido. El análisis del líquido sinovial aporta los datos necesarios y permite adaptar el tratamiento. La punción permite también desinflar la articulación, y por tanto aliviar el dolor.

un análisis de sangre permiten orientar el diagnóstico del médico y establecer el tratamiento adecuado.

En ciertos casos, el dolor de la articulación permanece aislado, sin otra señal. Las radiografías no aportan información y la biología tampoco. Tanto el enfermo como el médico pueden permanecer escépticos. La evolución en el curso del tiempo es la que confirmará el diagnóstico de artrosis. Entonces es necesario tratar el dolor ante todo.

Otras señales de inflamación

El dolor raramente permanece aislado. A menudo están asociadas la fiebre y la fatiga. También puede ir acompañado por un derrame. Esta hinchazón de la articulación va ligada a una alteración del tejido sinovial, que ya no juega correctamente su papel de esponja enfrente del líquido sinovial. Entonces cada vez es más difícil doblar o extender la articulación inflada. Es necesaria una punción a fin de sacar una muestra del líquido.

¿Artrosis o artritis?

Dos afecciones de la articulación se oponen: la artrosis, que tiene una causa mecánica (traumatismo, envejecimiento de los huesos, etc.), y la artritis, que es una inflamación de la articulación. El dolor no se manifiesta en el mismo momento (por la tarde para la artrosis, por la noche para la artritis). Un análisis de sangre permite diagnosticar la inflamación. Una radiografía permite establecer la diferencia. Y por último, una punción en la articulación, si está inflada por el líquido, no produce los mismos resultados.

Artritis infecciosa: cuando los microbios atacan

Los microbios pueden ser el origen de dolores articulares. La artritis infecciosa afecta más especialmente a las personas que ya tienen articulaciones frágiles.

La artritis infecciosa afecta más especialmente a las articulaciones importantes, tales como el hombro, la cadera o la rodilla. Los dedos o los tobillos raramente son afectados. Los virus o las bacterias provocan la destrucción del tejido cartilaginoso. Esta destrucción del cartílago, llamada necrosis, desencadena una inflamación. La articulación se vuelve sensible y un poco caliente, ligeramente inflada y rojiza. Esto es señal de que el organismo reacciona y se defiende. Algunas veces la reacción inflamatoria es suficiente para

¿Cómo entran los microbios en la articulación?

Los microbios, o gérmenes, comprenden a las bacterias, los virus y los parásitos. Pueden infectar a una articulación de tres maneras:

– Los microbios pueden diseminarse por todo el organismo cuando alcanzan los vasos sanguíneos, y las articulaciones no escapan a la regla ya que están vascularizadas.

– Una operación quirúrgica de la articulación, incluso si se efectúa en un medio estéril, implica el riesgo de que un microbio entre en el organismo.

– Un traumatismo puede implicar una lesión bastante profunda para que un microbio entre en el interior de la articulación.

contrarrestar el ataque microbiano. El cartílago no está demasiado dañado y la infección no tiene otras repercusiones.

Lamentablemente, en muchos casos, la inflamación dura demasiado tiempo, y va más allá de su papel inicial de defensa de la articulación. No tratada, o tratada tarde, los microbios invaden la articulación, se propaga la inflamación y puede tener consecuencias graves, tales como la destrucción total de la articulación. Entonces puede desarrollarse una infección del hueso adyacente y, en los casos más graves, diseminarse por todo el cuerpo.

Personas con riesgo

Ciertas situaciones aumentan el riesgo de desarrollar una infección. Se trata de:

- personas con inmunidad débil;
- diabéticos;
- alcohólicos;
- personas afectadas de poliartritis reumatoide;
- personas que toman corticoides a largo plazo.

Las señales de la inflamación no engañan: la articulación se vuelve muy rojiza y caliente, y sobre todo el dolor es cada vez más importante, acompañado de fiebre y de escalofríos.

Antibióticos adaptados

Los principales microbios responsables de la artritis son los estafilococos, en más del 60%. Más raramente, la bacteria de la tuberculosis puede afectar a las articulaciones, al igual que los virus o los parásitos.

Es importante conocer el origen del microbio para poder tratar correctamente la inflamación con ayuda de antibióticos. Cada antibiótico es específico para una o varias bacterias. Por esta razón alguna vez se oye decir «¡los antibióticos no sirven para nada!». En efecto, éste es el caso si son administrados indiscriminadamente, sin haber identificado al microbio.

Los lavados articulares efectuados con ayuda de una sonda llena de suero fisiológico permiten limpiar en profundidad la articulación infectada. Luego, además de los medicamentos, es muy importante movilizar lo más pronto posible la articulación afectada, a fin de que no se entumezca.

Poliartritis reumatoide

La artrosis no es la única enfermedad que afecta a las articulaciones. Y todas las afecciones articulares no son necesariamente reumatismos, un término empleado demasiado a menudo inadecuadamente.

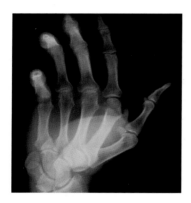

¿Cuáles son las causas?

Hay diversas causas de esta enfermedad. Extracciones de médula ósea han permitido realizar análisis que prueban que los factores genéticos desempeñan un papel con toda seguridad. También es plausible un origen hormonal: frecuentemente se constata una recrudescencia de la enfermedad durante el embarazo, época en que el cuerpo está impregnado de hormonas.

En la poliartritis reumatoide, es el sistema inmunitario el que ataca al tejido sinovial que bordea el hueso de la articulación. La inflamación afecta principalmente a las pequeñas articulaciones de los miembros, es decir, los dedos de las manos, los de los pies y de las muñecas. Afecta generalmente a ambos lados del cuerpo al mismo tiempo. Las caderas, los hombros o las articulaciones de la cabeza y del cuello también pueden estar infladas y ser dolorosas.

La poliartritis reumatoide es tres veces más frecuente en la mujer. Puede manifestarse a cualquier edad, con una incidencia máxima entre los 30 y los 50 años. Un estudio holandés ha acusado al consumo de café, sin que haya aportado pruebas concluyentes. Por el contrario, la enfermedad afecta con menos frecuencia a las personas que sufren de rinitis alérgica, y a las que consumen regularmente verduras cocidas, aceite de oliva y complementos alimentarios que contengan zinc.

Señales indicadoras

Esta enfermedad se manifiesta al principio por síntomas muy generales. La fatiga, la pérdida de apetito, el adelgazamiento, o incluso los sudores que implica, no permiten identificarla en seguida. Se declara verdaderamente cuando una o varias articulaciones se inflan. Entonces se vuelven dolorosas y rígidas, en particular por la mañana.

La fuerza de las manos y los dedos disminuye. Luego comienzan los síntomas parecidos a los de la artritis: un simple dolor por la noche y por la mañana al principio, y más tarde aparecen rojeces con una sensación de calor al cabo de algunos meses.

A medida que la enfermedad evoluciona, cada vez es más difícil conservar la precisión de los movimientos. Las articulaciones afectadas se deforman y a veces los músculos adyacentes disminuyen de volumen. Las manos, los dedos y los pies se deforman de una manera muy típica, y se habla de dedos de los pies «en ráfaga de viento» o también de «joroba de camello» para la mano.

Un porvenir imprevisible

La evolución es extremadamente variable: entre una remisión total y duradera (sin dejar señales) y un agravamiento crónico e invalidante, pueden observarse todas las fases. Podemos estar abiertos a toda esperanza. Los antiinflamatorios actúan contra el dolor y la rigidez matinal. Igualmente es importante hacer gimnasia para mantener las articulaciones y prevenir las posiciones defectuosas.

Las articulaciones hablan por sí mismas: las radiografías permiten evaluar con más precisión la gravedad de los accesos. Un análisis de sangre señala otros síntomas frecuentes en esta enfermedad: anemia, inflamación y disminución del hierro. Así se detecta también el «factor reumatoide», un autoanticuerpo característico de esta enfermedad, que se encuentra aproximadamente en el 80% de los enfermos.

¿Qué es una enfermedad autoinmune?

Es un desarreglo del sistema inmunitario, el sistema de defensa del organismo. Para protegerse de los agresores (microbios), el organismo se defiende por intermedio de los anticuerpos. En las enfermedades autoinmunes, dirige estos anticuerpos contra sí mismo: se habla entonces de autoanticuerpos.

Fumadores: están más expuestos

Se sabe que el tabaco es un factor de riesgo en esta enfermedad. Durante 10 años, unos investigadores americanos han seguido a 31.336 mujeres con edades entre 55 y 69 años, residentes en el estado de Iowa. Las mujeres que fuman tienen dos veces más riesgo de tener una poliartritis reumatoide que la mujeres que no han fumado nunca. Cuanto más importante y duradero es el consumo de tabaco, más elevado es el riesgo.

La gota

Las crisis de gota se declaran cuando el ácido úrico se deposita anormalmente en las articulaciones. Los dolores son comparables a los de la artritis.

Un exceso de ácido úrico en la sangre provoca la gota. Se deposita entonces en las articulaciones, pero también en los tejidos bajo la piel, y a veces incluso en los riñones.

El ácido úrico es una sustancia que proviene de la destrucción de los «ácidos nucleicos», especie de eslabones genéticos que constituyen nuestro ADN (el patrimonio genético). La renovación constante de nuestras células normaliza su presencia en la sangre. El ácido úrico procede igualmente de la digestión de alimentos ricos en ácidos nucleicos, tales como los despojos, los crustáceos o incluso la caza.

La gota es de origen alimentario en menos del 10% de los casos. La gota puede ser secundaria a la toma de medicamentos (contra la tuberculosis, por ejemplo) o bien por insuficiencia renal, ya que son los riñones los que filtran la sangre y regulan así el ácido úrico eliminando el exceso por la orina.

Una afección muy masculina

Las crisis de gota comienzan sobre todo alrededor de los 45 años, pero algunas veces pueden iniciarse a partir de los 20 años. Afectan princi-

Vivir con la gota

Las personas sujetas a crisis de gota deben irse a descansar al campo a fin de prevenirlas. Es aconsejable un régimen alimentario sin crustáceos, ni caza ni despojos. Debe limitarse el consumo de carne, aves y pescado. Igualmente es recomendable evitar el alcohol. El sobrepeso y la obesidad van unidos con frecuencia a tasas importantes de ácido úrico en la sangre. Perder peso puede permitir también limitar la enfermedad.

palmente a los hombres, que representan del 90 al 95% de los casos. En la mujer, las primeras señales no aparecen hasta después de la menopausia. En efecto, las mujeres tienen una tasa de ácido úrico más débil que los hombres, lo cual explicaría por qué son menos vulnerables.

Las crisis de gota se manifiestan generalmente por la noche con un dolor brutal, violento, la mayoría de veces en una articulación, la cual aparece muy inflamada, rojiza, inflada y dolorosa. La articulación afectada con más frecuencia se encuentra en la base del dedo gordo del pie. Pero también pueden serlo los tobillos, las rodillas o a veces las muñecas o los dedos.

Las crisis sobrevienen generalmente después de haber comido sesos, hígado, riñones, marisco o caza. El consumo de alcohol disminuye la eliminación del ácido úrico. Las infecciones, a veces un accidente, también pueden desencadenar crisis. Entre dos crisis, no es rara la presencia de líquido sinovial en la articulación.

Los medicamentos

Los médicos no prescriben medicamentos más que cuando las crisis son cada vez más próximas (más de tres crisis por año) o si los riñones están afectados por los depósitos. La colquicina, un antiinflamatorio específico, permite tratar las crisis. Se trata de un medicamento que aumenta la eliminación del ácido úrico por los riñones. Un medicamento que bloquea la síntesis de ácido úrico permite cuidar a las personas cuya enfermedad tiene un origen genético (el organismo fabrica demasiado ácido úrico).

Artritis microcristalinas

La gota y la condrocalcinosis forman parte de lo que se denomina las «artritis microcristalinas». Este nombre proviene del origen de estas enfermedades. Unas partículas diminutas, conocidas como los microcristales, se depositan sobre las articulaciones, y bloquean así su funcionamiento normal.

Diferentes formas de la enfermedad

Existen diferentes formas de gota: las más raras se caracterizan por la presencia de «tofos». Es un depósito de ácido úrico en los tejidos blandos y los huesos, que sólo aparece en caso de evolución gravísima. En otros casos, se trata simplemente de una artritis sin los famosos tofos.

Espóndil artritis anquilosante

Un factor de riesgo bien extraño

Los estudios científicos han demostrado que el mismo factor genético está presente en el 90% de las personas afectadas por espóndil artritis anquilosante. No hay más que un 8% de la población con buena salud que sea portador de este factor genético denominado «HLA B27».

La espóndil artritis anquilosante es una forma de artritis que afecta a la columna vertebral. Es una afección crónica, que asocia la inflamación y los reumatismos.

La espóndil artritis anquilosante se declara entre el final de la adolescencia y los 40 años. Los hombres jóvenes, entre 18 y 35 años, son los más afectados. En efecto, hay nueve veces más hombres que mujeres a quienes les afecte esta enfermedad, ¡sin que se sepa el porqué! El 1% de la población occidental está afectada, sin que se conozca el origen de esta enfermedad compleja. Según unos investigadores británicos, las personas que la padecen presentan tasas elevadas de un tipo de anticuerpo llamado IgA, que podría ser la señal de una reacción inmunitaria a una bacteria del colon.

La espóndil artritis afecta en principio a los huesos de la pelvis y a la parte baja de la columna vertebral. Más raramente, al talón, la cadera o la rodilla. Al principio, los síntomas de la enfermedad son muy vagos y sobre todo comunes. La persona se queja de dolores que parten de la nalga y descienden a lo largo de la pierna; se siente rígida y a menudo se despierta por dolores lumbares o en la pierna. Un episodio de fiebre, la pérdida de peso y la fatiga señalan los accesos de inflamación.

Los dolores se acentúan con el tiempo. Llega a ser difícil moverse, inclinarse. Es lo que se denomina «la columna vertebral de bambú». Es recta como un bambú y suele presentar las mismas «estrías» sobre la radiografía, a causa de las modificaciones de los huesos.

Y después, ¿cómo vivir una vida normal?

Se necesitan diversos exámenes, especialmente radiografías, para diagnosticar una espóndil artritis anquilosante. La «columna de bambú» es un elemento clave del diagnóstico. Los análisis de sangre indican una inflamación: la velocidad de sedimentación y la proteína C reactiva (PCR) aumentan.

Una vez establecido el diagnóstico, va a hacer falta cuidarse y aprender a vivir el día a día. Para dominar la inflamación y aliviar los dolores, se utilizarán antiinflamatorios. En caso de agravamiento de la enfermedad, se dará un tratamiento más fuerte por inmunosupresores. La higiene de vida es muy importante. Una alimentación pobre en especias, alcohol, chocolate disminuye los efectos secundarios de estos medicamentos sobre el estómago. La fitoterapia (reina de los prados, varilla del Canadá, sauce blanco, grosella negra, harpagofito) también es muy interesante. Durante los accesos, es indispensable el reposo. Ésta es una de las claves del tratamiento. Debe hacerse sobre la espalda, en una superficie dura, sin almohada, a fin de no aumentar las deformaciones.

La reeducación (enseñar de nuevo a nuestro cuerpo ciertas posturas y determinados movimientos) es fundamental en esta enfermedad. Se realiza con ayuda de un kinestesista, algunas veces en una piscina. Si la deformación de la espalda es importante, será necesario utilizar un corsé.

El deporte, ¡una baza!

No hay que parar de moverse porque se esté enfermo. Al contrario, el deporte es beneficioso. Los deportes violentos, como los deportes de combate y el tenis, no son aconsejables. Sin embargo, la natación sobre el vientre es particularmente recomendable. Por último, en caso de acceso, es mejor abstenerse de todo esfuerzo físico.

La experiencia del Dr. Jean Seignalet

En su obra *La alimentación o la tercera medicina*, el Dr. Jean Seignalet (Montpellier) demuestra cómo la alimentación moderna tiene efectos nefastos sobre nuestra salud, pero también cómo los regímenes alimentarios específicos pueden ser la clave de la curación. El régimen consiste básicamente en suprimir todos los cereales (salvo el arroz y el trigo sarraceno) y las leches animales, consumir un máximo de vegetales crudos (bio), grasas vegetales vírgenes, y tomar suplementos de vitaminas y minerales. Seguido estrictamente, el régimen permite, según él, que después de un año, un 96% de los enfermos sufran menos y recuperen la movilidad.

¿Qué médicos consultar?

El tratamiento de la artrosis recurre a diversas disciplinas: medicina, cirugía y quinesioterapia son las más corrientes.

El médico generalista

Su médico generalista le conoce bien, y lógicamente debe dirigirse a él para contarle los dolores que le afligen en la vida cotidiana. Es el más adecuado para diagnosticar una anomalía y tratarla. Él le dirá fácilmente si sufre de artrosis. En caso de diagnóstico difícil, hará realizar exámenes complementarios o le dirigirá a un reumatólogo. El médico generalista se enfrenta con mucha frecuencia a pacientes que sufren de artrosis, enfermedad que afecta a menudo a personas de edad. Y como la población envejece globalmente, la frecuencia de la enfermedad aumenta. Los médicos cada vez son más aptos para hacer frente de manera eficaz a sus problemas.

Hay un interés inmenso en que el mismo médico siga la trayectoria del paciente. Así, en función de su conocimiento de su cuerpo y de la evolución de su enfermedad, podrá adaptar el tratamiento de la manera más adecuada.

Es necesario saber que no solamente para la artrosis, sino también para todas las enfermedades crónicas, es muy recomendable realizar un seguimiento regular por el mismo médico, el cual

La infiltración, un gesto de reumatólogo

El reumatólogo es el médico más cualificado para realizar infiltraciones. Son inyecciones localizadas en la articulación dolorosa. Se trata de infiltrar con precisión corticoides, exactamente en el punto doloroso. Estos medicamentos alivian la inflamación y el dolor durante algunas semanas, dos meses como máximo. A continuación disminuye la eficacia.

es su interlocutor ideal en la vida diaria y el más fácil de consultar.

El especialista en reumatología

Los médicos se dividen en dos categorías: los generalistas, que tratan todas las patologías de la población, y los especialistas que se concentran en un órgano (cardiología para el corazón) o una parte de la población (geriatría para las personas mayores, pediatría). El reumatólogo se dedica al estudio y al tratamiento de las enfermedades de los huesos y de las articulaciones, lo que se llama el aparato locomotor. Cuida también de los músculos, los tendones y los ligamentos.

Al igual que el generalista, puede prescribir medicamentos del tipo antiinflamatorio, antálgico o similar; practica infiltraciones o manipulaciones. Pocos médicos tienen autorización para hacerlo. Consisten en desplazar las diferentes estructuras óseas, en relación unas con otras, a fin de colocarlas en buena posición. Este tratamiento es algo «violento», por lo cual es necesario conocer perfectamente la anatomía del cuerpo humano, a fin de no agravar el dolor en lugar de aliviarlo.

El reumatólogo abarca también el conjunto de factores que intervienen en la artrosis: estrés, nutrición, factores desencadenantes que no deben ser descuidados en beneficio de la manipulación.

Igualmente, le prescribirá sesiones de reeducación, que ha de efectuar un quinesioterapeuta, para devolver a la articulación la amplitud de sus movimientos y su flexibilidad.

El yoga por Yogi

El Yogi Babacar Khane es doctor en osteopatía y en quiropráctica. Ha colaborado estrechamente con el célebre reumatólogo Philippe Baumgartner. Así, ha podido desarrollar técnicas de yoga eficaces en la prevención y el cuidado de numerosas enfermedades reumatológicas. El yoga actúa de dos maneras: por una parte, por la realización de movimientos que hacen trabajar a las articulaciones, y por otra parte, por la relajación y el bienestar que se sienten en el curso de las sesiones. Se practica poco en nuestro país, pero se ofrecen cursillos y estancias en el sitio de Internet dedicado a Y. B. Khane.

El ortopedista y el médico físico

El ortopedista interviene si se trata de operar. El médico físico es una buena ayuda en la recuperación de las funciones motrices.

Cuando la articulación está afectada

El ortopedista es un cirujano. Por regla general, son las personas que sufren una fractura, deformaciones o enfermedades del esqueleto las que consultan con este especialista. Su médico le enviará a él si llega a ser necesario poner una prótesis. En el caso de una artrosis avanzada, a veces los medicamentos no son suficientes para aliviar el dolor del paciente. Cuando todas las otras soluciones se revelan ineficaces, conviene operar y poner una prótesis, a fin de reemplazar a la articulación defectuosa. El ortopedista sigue entonces a su paciente a lo largo de toda la operación: antes contará con un diagnóstico cierto sobre la necesidad de operar. Después operará e instalará la prótesis. Por último se ocupará de las prescripciones necesarias después de la operación y de la reeducación indispensable. Hay que dirigirse a un ortopedista cuando se sufre demasiado y los medicamentos se revelan ineficaces. Él le indicará si su problema exige una operación

Un poco de historia

Cuando se creó la medicina física, se prohibió en Francia. Gracias a los decanos Milliez y Grossiord, se creó la primera cátedra de medicina física. Fue en 1975, mediante un diploma universitario de «medicina ortopédica y terapéuticas manuales». Fue el principio de una gran carrera, ya que la medicina física tiene ahora numerosos adeptos. Ya no hace falta demostrar su eficacia, cuando está bien realizada.

quirúrgica y, en caso contrario, le orientará hacia un colega.

Medicina física: pros y contras

La medicina física fue ignorada en Francia durante mucho tiempo, mientras que en los Estados Unidos la consideraban ya como una especialidad reconocida. Esta medicina fue aceptada por fin en Francia a principios de la década de 1970. Un especialista sigue todas las patologías ortopédicas, reumatológicas, neurológicas o incluso respiratorias: todas ellas necesitan una reeducación particular. Existen diferentes formas de tratamiento: el médico físico realiza manipulaciones, terapias manuales, movilizaciones. Algunas veces utiliza aparatos para completar la terapia: láser, corrientes eléctricas, o la temperatura jugando con el frío. Utiliza igualmente la hidroterapia (ver página 68). La gimnasia y los masajes pueden revelarse eficaces. Sin embargo, hay que proceder con cautela: ciertos médicos físicos recurren con excesiva frecuencia únicamente a las manipulaciones, realizadas algunas veces demasiado deprisa. El tratamiento que le propongan debe convenirle y aliviarle sobre todo.

¡De pie, camine!

Después de la operación de una prótesis total de rodilla, la rehabilitación permite caminar de nuevo lo más rápidamente posible. Al principio, gracias a unas poleas podrá mover suavemente la pierna. Más tarde, con una tablilla de sostén, podrá ponerse de pie cuatro días después de la operación. Al cabo de una semana, caminará con ayuda de un bastón. Y después de tres semanas podrá subir escaleras.

Las prótesis de la A a la Z

Las prótesis pueden reemplazar a todas las articulaciones: muñeca, tobillo e incluso falange. Sin embargo, las más frecuentes son las prótesis de rodilla y de cadera. Representan más del 60% de todas las prótesis. Tanto hombres como mujeres se benefician de este tipo de operaciones que conciernen esencialmente a personas de más de 65 años. Las prótesis son ya selladas, una especie de «cola» fija las prótesis como un sello en un sobre, ya sujetas por una placa atornillada sobre el hueso. Existen tres materiales diferentes: el metal, el plástico o la cerámica.

Especialidades médicas indispensables

Más o menos controvertidos, entre maniobras bien codificadas y métodos más oscuros, ¡he aquí una presentación de los diferentes actores restantes! Su papel es tan importante como el de los médicos, y su eficacia puede considerarse pertinente.

No es osteópata quien quiere

Durante muchos años sólo estaban autorizadas a ejercer en Francia las personas titulares de un diploma de osteopatía (6 años de estudios), y siguiendo siempre una formación continua. Se sabe que, con los problemas de reconocimiento de esta disciplina, ha sido difícil instaurar formaciones adecuadas. Pero la definición actual es mayor y ahora está a punto de superarse el número de 800 osteópatas.

El kinesiterapeuta

Es una persona que ha seguido 3 ó 4 años de especialización en esta disciplina. Conoce perfectamente los músculos y la anatomía del cuerpo humano. Domina las técnicas de rehabilitación de los pacientes operados o accidentados. El médico es quien prescribe los actos realizados por el kinesiterapeuta. Puede tratarse de masajes, de aplicación de calor o de corrientes eléctricas, de técnicas de reeducación o incluso de movilizaciones. Atención: un kinesiterapeuta no está formado para realizar manipulaciones. Trabaja conjuntamente con el médico, pues sus respectivos tratamientos son complementarios. Aporta una ayuda indispensable para la curación del paciente. Hay que admitir que los médicos no siempre conocen exactamente las técnicas precisas de kinesiterapia, y confían en la destreza de los kinesiterapeutas. Les dan directrices más bien vagas en cuanto a la realización práctica, pero muy precisas en lo que concierne al resultado que han de obtener y a las funciones que tienen que mejorar. Los kinesiterapeutas saben cómo aliviar y masajear a sus pacientes. Movilizan las articulaciones desfallecientes para que recuperen su función. Poco a poco, gracias a sesiones de kinesiterapia, las acciones simples de la vida cotidiana, tales como subir escaleras o pasear por el jardín, se vuelven más fáciles y menos dolorosas.

El osteópata

La osteopatía es un verdadero objeto de controversia, tanto por lo que respecta al reconocimiento de los osteópatas en Francia como por lo que se refiere al abono de las consultas o incluso a la formación. Analicemos la situación.

La osteopatía nació en 1874 en Estados Unidos. Se impuso rápidamente en Inglaterra, al revés que en Francia, donde no fue reconocida como especialidad por completo hasta el 19 de febrero de 2002. Después de largos debates entre los médicos y los kinesiterapeutas, se decidió que «todo francés con el título de bachillerato, y que hubiera seguido una formación marcada por el gobierno, podía ejercer la osteopatía». Frente a la profesionalización de esta disciplina en Bélgica, Francia e Inglaterra, en España está en vía de reconocimiento legal.

Según las teorías de osteopatía, una perturbación mecánica o una afección articular es responsable de manifestaciones patológicas, las cuales pueden ser óseas, musculares, nerviosas, de ligamentos o vasculares. Son también la causa de enfermedades «funcionales», es decir psicológicas, o incluso orgánicas. Es ahí donde actúa el osteópata, especialmente con manipulaciones del cuerpo. Atención, frecuentemente se asimila la osteopatía a la manipulación, pero no es el único medio de cuidar. La tarifa de una consulta en Francia se eleva generalmente a 50 euros para una sesión de 45 minutos. La Seguridad Social francesa no abona nada, y sólo ciertas mutuas aceptan abonar una parte del montante. Es mejor informarse previamente.

La guerra «kinesiterapeutas-médicos»

Antes del 2002, en Francia, sólo los kinesiterapeutas y los médicos tenían autorización para practicar actos de osteopatía. Sin embargo, ciertos médicos consideran que se trata en este caso de un «ejercicio ilegal de la medicina». Y esto a pesar de la nueva definición de personas aceptadas. Pero las mentalidades evolucionan y hay que esperar a que esto cambie pronto.

La vida cotidiana con artrosis

Dolor descuidado y depresión

Para ciertas personas sufrir es una fatalidad. Es normal acostumbrarse un poco a sufrir. Pero al cabo de cierto tiempo, es su ánimo el que se ve afectado. El dolor cotidiano puede implicar una depresión que, a su vez, va a aumentar el dolor. Existen medios para aliviarle, no hay que olvidarlo, y sobre todo no dude en hablar.

Se sabe que para alguien que sufra de artrosis, cada gesto puede ser doloroso y cada deformación muy molesta. Pero ¿qué sabe alguien que nunca ha estado enfermo, que nunca ha sufrido a diario, sobre lo que siente un enfermo?

24 horas de la vida de un enfermo

Francisca tiene 70 años. Ya hace mucho tiempo que la artrosis forma parte de su vida. Es muy dinámica, y ha decidido que ni su edad ni la artrosis dirigirían su vida. Para ello ha aceptado su dolor y ha aprendido a manejar la situación cada día.

Desde que se despierta por la mañana, es muy difícil encontrar una movilidad flexible y cómoda. El simple hecho de levantarse de la cama revela el dolor en las lumbares. Sin embargo, es necesario tomar su desayuno. Francisca no quiere tomar demasiados medicamentos de manera sostenida y permanente: sigue a diario un tratamiento de fitoterapia que sólo abandona, dos o tres veces por año, en caso de crisis más fuertes de artrosis, para tomar entonces antiinflamatorios.

Abrir una puerta llega a ser un calvario por la mañana: es un relámpago doloroso que traspasa su codo. Igualmente, ella adoraba escribir, y se ha visto obligada a abandonar su pasatiempo favorito, ya que su pulgar no lo soportaría. Además, esta articulación se ha visto afectada por la erosión del cartílago y del hueso.

Caminar también es penoso por la mañana al levantarse. Adiós a los cortos desplazamientos matutinos a la panadería y al supermercado. Cuando su pie adquiere cierta posición al caminar, eso es una verdadera puñalada que sube por la espalda.

Entonces es mucho más agradable y fácil salir más tarde por la mañana. En efecto, Francisca ha comprobado que al cabo de una hora ya no tenía esa sensación de estar «oxidada»: ahora sabe que la «desoxidación matinal» es una obligación.

El día a día

Durante la jornada hay momentos de calma: el dolor se esfuma, e incluso, si permanece, es una especie de molestia sorda. Se sitúa siempre en los mismos puntos (pulgares, codos, lumbares, parte alta del pie sobre todo). Ninguna jornada se parece a la anterior: es necesario adaptarse en función de su forma. La capacidad de adaptación es indispensable para convivir con la enfermedad: es necesario tomarse las cosas tal como vienen. Adquirir cierta filosofía…

Al llegar la noche, felizmente, no hay recrudescencia. Haría falta dormir plano, pero esto no siempre es evidente. En este caso, no es raro que se adopte una mala posición, sobre un costado. Y entonces el despertar todavía es más doloroso. Pero lo más penoso para Francisca fue un episodio de ciática ligado a la opresión de raíces nerviosas por los espolones óseos de la artrosis. Estos nervios que salen de la médula espinal están oprimidos un poco por la hipertrofia degenerativa ósea. Desencadenan dolores muy difíciles de soportar. Parten de la nalga para descender a lo largo del muslo (por el exterior) y después por el gemelo y, por último, bajo el pie hasta el dedo gordo. Finalmente, no es más que un mal recuerdo para ella.

¡Muévase y viaje!

Francisca continúa llevando una vida activa y viajando. Su médico le ha dicho que la actividad física, sin exceso, forma parte del tratamiento de la artrosis. Actúa como un «antioxidante» en las piezas mecánicas. Los estiramientos también son recomendables, pues benefician a los músculos y les enseñan de nuevo su papel de sostén de la articulación. La vida puede ser muy bella, ¡incluso con artrosis!

Vencer y aliviar el dolor

Los medicamentos antálgicos se prescriben para aliviar las articulaciones y toda forma de dolor y de inflamación. Las sustancias utilizadas varían en función de la intensidad del dolor. Explicaciones, del paracetamol a la morfina...

Las sustancias que actúan contra el dolor están muy codificadas. Se distinguen los antálgicos no morfínicos y los antálgicos morfínicos. Entre los primeros figuran los que tienen una actividad contra la fiebre (antipiréticos), como el paracetamol y los antiinflamatorios (aspirina).

Entre los vendidos sin receta, el paracetamol es el principal antálgico. Se utiliza para aliviar todos los dolores (dentales, articulares, dolores de cabeza, etc.). Sobre todo es muy eficaz contra los dolores reumáticos. Comparable a la aspirina, pero sin propiedades antiinflamatorias, es mejor darle primacía en cuanto a su suficiencia para controlar el dolor. Al actuar sobre el cerebro, no crea hábito y no tiene efectos secundarios (aparte de las alergias).

Los antiinflamatorios

Son los segundos medicamentos más utilizados para cuidar los reumatismos. Además de la actividad antálgica, actúan sobre la inflamación.

Por tanto, son una referencia para la artrosis, una vez que el paracetamol no es suficiente. La aspirina lucha contra el dolor y la inflamación. También produce el efecto de fluidificar la sangre. El único problema son sus efectos secundarios: es nociva para el estómago y puede implicar hemorragias o alergias. Hay otros antiinflamatorios, como el ibuprofeno, el cual es interesante en el tratamiento de la artrosis, ya que tiene menores efectos sobre el estómago.

La morfina y sus derivados

Por último, en la zona alta de la escala de los antálgicos, se encuentra la morfina, medicamento esencial por su acción contra los dolores muy fuertes. La morfina actúa en el sistema nervioso (cerebro y médula espinal). Controla por este sesgo las vías del dolor. Al mismo tiempo puede ser responsable de efectos no deseados, y a veces difíciles de soportar por el enfermo. Los principales efectos secundarios son náuseas, vómitos, y un estreñimiento grave ante todo. Con frecuencia se prescriben en paralelo «antivomitivos» y laxantes. Por tanto, la morfina se reserva para los dolores intolerables, sobre todo de origen canceroso. Generalmente no se utiliza en el tratamiento de la artrosis.

¿Y durante el embarazo?

Los antiinflamatorios están estrictamente contraindicados durante un embarazo. Especialmente en el curso de los tres últimos meses, ya que pueden tener un efecto peligroso sobre el corazón del feto.

Genéricos: ventajas e inconvenientes

El genérico es un medicamento que puede reemplazar a un medicamento más conocido recetado para una enfermedad. Se compone de la misma molécula química, por lo cual contiene el mismo principio activo, y por consiguiente tendrá la misma eficacia. Es tan seguro como su «hermano mayor», pero un 30% menos caro, ya que es una copia de un medicamento inventado hace 20 años. En efecto, éste es el lapso de tiempo necesario para que una patente cese de proteger el descubrimiento de una nueva molécula. Realmente esto es bueno para los enfermos, iy para la Seguridad Social! El único defecto que algunos médicos le reprochan es la posibilidad de efectos secundarios debido a ciertos excipientes, las sustancias utilizadas para «recubrir» al principio activo.

Efectos secundarios, ¿el reverso de la medalla?

Los medicamentos se toman para aliviar los dolores, pero algunas veces implican molestias mínimas, y otras veces verdaderas enfermedades.

¿Un medicamento que perjudica?

Para tratar una enfermedad, los investigadores intentan determinar un principio activo que influya solamente sobre el órgano enfermo. Sin embargo, ello puede llevar aparejada una cascada de reacciones químicas, que no están totalmente controladas y que, a veces, son peligrosas. Así, los antiinflamatorios causan frecuentemente **problemas digestivos**, que están directamente ligados al modo de acción de estos medicamentos. Los problemas pueden ir del simple ardor a una úlcera o una inflamación muy importante que puede conducir a hemorragias y perforaciones de la pared del estómago. Según los estudios, las personas que toman regularmente antiinflamatorios tienen de 3 a 5 veces más riesgo de padecer una enfermedad del estómago que las que no toman. El esófago y los intestinos tampoco se evitan esos riesgos.

El estómago se caracteriza por su acidez, que facilita la digestión y permite un mejor funcionamiento. La mucosa que tapiza el interior del estómago es muy frágil. Está protegida por sustancias llamadas prostaglandinas. Sin embargo, los antiinflamatorios hacen bajar la producción de estas sustancias protectoras e indispensables para el estómago.

Por tanto, la mucosa está fácilmente expuesta a las agresiones de los medicamentos.

¿Y el resto del cuerpo?

- **La piel** es el segundo sitio de manifestación de los efectos secundarios después del estómago: urticaria, prurito de rascarse o enrojecimiento de la cara pueden aparecer después de la toma de un medicamento antiinflamatorio. Se trata de síntomas sin gravedad. Algunas veces los antiinflamatorios pueden ir más lejos con enfermedades dermatológicas graves.

- **Los riñones** también pueden sufrir por la toma de estos medicamentos. En el caso de una persona sana, joven, que bebe correctamente, no hay problema. Pero en las personas de edad, los diabéticos o los que presenten una afección renal, el papel de filtro de los riñones puede estar muy alterado a causa de los antiinflamatorios. Esto se traduce en hipertensión arterial, en edemas (hinchazón de los tejidos por retención de agua) o en sufrimiento del corazón o de un riñón que ya no puede funcionar del todo.

- **El corazón** no suele verse afectado, nada más que en circunstancias muy particulares. Los infartos de miocardio sólo aumentan muy ligeramente con una de las tres clases de antiinflamatorios. Deben realizarse más estudios para confirmar esta observación.

Como conclusión de este capítulo recordemos que, dada la frecuencia de prescripción de los antiinflamatorios, los efectos gravísimos son poco numerosos. Generalmente los medicamentos están bien prescritos, y los pacientes están bien supervisados.

Una boya salvavidas para el estómago

Si tiene el estómago delicado por una de las razones siguientes, cada toma de antiinflamatorios debe ir acompañada de un medicamento protector del estómago. Éste es el caso:

- si toma numerosos medicamentos, como los corticoides;
- si tiene ardores de estómago;
- si tiene subidas ácidas en la garganta;
- si ya ha tenido una úlcera;
- si padece complicaciones: perforación o hemorragia de estómago.

¡También en la sangre!

Con la toma de antiinflamatorios pueden aparecer anomalías en la sangre:

- una anemia (falta de glóbulos rojos);
- un descenso de las plaquetas (que juegan un papel en la agregación y en la reparación de las llagas);
- un descenso de los glóbulos blancos (de ahí un aumento de las infecciones).

El hígado también puede verse afectado de manera más o menos importante, llegando a veces hasta la hepatitis.

La infiltración

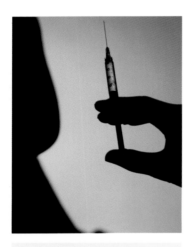

Esta técnica tan interesante permite aliviar los dolores. Se trata de inyectar corticoides en el seno de la articulación.

El examen es simple: el médico introduce una aguja en la articulación, evitando pinchar en los tendones, los vasos o los nervios. Por tanto, hay técnicas precisas de localización que permiten conocer bien la anatomía… ¡y no equivocarse de punto de aplicación! Por esta razón, esta intervención sólo puede ser realizada por un médico, generalista o especialista.

La infiltración puede ser dolorosa: es un dolor momentáneo debido al roce de un nervio o de un elemento inervado. Se parece a descargas eléctricas, pero no siempre hace daño. Y no hay que olvidar los resultados muy esperanzadores sobre la artrosis o la artritis.

La inyección debe darse en condiciones estériles. Se recomiendan tres infiltraciones por año, como máximo. Si se necesitan dos infiltraciones para hacer pasar el dolor, hay que dejar cuatro semanas de intervalo entre cada una. Los corticoides tienen un plazo de acción de 3 ó 4 semanas.

Aliviar el dolor

El único papel de la infiltración es aliviar el dolor, gracias a los corticoides cuando los antiinflamatorios clásicos no producen efecto.

Los corticoides

Los corticoides, o corticosteroides, son hormonas naturales segregadas por las glándulas suprarrenales (situadas encima de los riñones), después de numerosas transformaciones del colesterol. Sintetizados artificialmente, los medicamentos corticoides son idénticos a las hormonas naturales. Se utilizan por su efecto antiinflamatorio bajo forma de comprimidos (como la cortisona), de pomada o de gel a aplicar sobre las articulaciones dolorosas, o también como líquido inyectable en las articulaciones o los músculos.

No permite curar la artrosis ni la artritis, ni siquiera una inflamación de los tendones, pero sí permite tratar el dolor. ¡El efecto de los corticoides no es eterno! Los corticoides actúan durante algunas semanas o algunos meses: esto ya es una tregua muy importante cuando se sufre de manera continua. Sin embargo, en el caso de algunas personas, la infiltración puede ser ineficaz. Su médico le aconsejará adecuadamente sobre qué terapéutica elegir.

Pueden realizarse infiltraciones en todas las articulaciones. Muchas personas piensan que sólo pueden realizarse en las articulaciones grandes, especialmente en la cadera y la rodilla. Sin embargo, la inyección de corticoides en el hombro es más frecuente debido a los problemas vertebrales en la región cervical. Tienen múltiples causas (accidentes de coche, caídas, etc.) de ahí su frecuencia. Por último, las articulaciones pequeñas, como las de los dedos o las muñecas, también pueden beneficiarse de esta técnica.

La cantidad de corticoides depende del tamaño de la articulación: difiere de un dedo a una cadera, de una rodilla a una muñeca.

¡Cuidado con los microbios!

Las condiciones de realización de una infiltración son muy importantes. A fin de reducir los riesgos de infección, es absolutamente necesario utilizar una técnica estéril, con la que ningún microbio pueda entrar en contacto con el organismo del paciente tratado. Se recomienda el uso de guantes. El material se conserva de manera estéril, en un embalaje específico.

El Dr. Jekkyll y Mister Hyde

Los corticoides son medicamentos fantásticos desde el punto de vista de la eficacia, pero también tienen muchos efectos secundarios. Disminuyen la inmunidad, por lo cual las infecciones aumentan. Perjudican al estómago y pueden ser responsables de una úlcera. Propician la pérdida de ciertos elementos, tales como el potasio. Sin embargo, este ion es extremadamente importante para el buen equilibrio del cuerpo. En conclusión, ¡cuanto menos se tome, mejor!

La reeducación

Las sesiones de reeducación con un kinesiterapeuta ayudan a preservar o encontrar la movilidad de las articulaciones y también alivian los dolores.

Recto hacia delante

Si sufre de **artrosis cervical** o **lumbar**, el primer objetivo de la reeducación es descomprimir la articulación para aliviar los dolores. Eso permite también corregir su postura, a fin de eliminar la curvatura del cuello o de la parte baja de la espalda y estirar la columna vertebral. Una sesión comienza por lo general con la aplicación de calor (infrarrojos, barro caliente) y masajes para relajar y flexibilizar los músculos.

Ejemplo de ejercicio: de pie, apoyado en una pared, con las piernas ligeramente separadas y adelantadas, poner las manos en la curvatura de la parte baja de la espalda y apoyar igualmente la cabeza. Tratar de sujetar la nuca entrando el mentón, al mismo tiempo que lo estira hacia arriba, sujetar la espalda aplastando las manos contra la pared. O bien sobre una alfombrilla en el suelo, estirarse sobre la espalda, con las piernas flexionadas, los pies colocados planos y los brazos extendidos a lo largo del cuerpo. Tratar de crecer como si se tirase suavemente de un hilo unido a la parte alta del cráneo, entrando el mentón y el vientre.

Caminar no desgasta, a menos que se abuse

Si tiene **artrosis en la rodilla** o **en la cadera**, una regla de oro: economice sus articulaciones. Es desaconsejable solicitar inútilmente a las articulaciones, ¡pero tampoco hay que dejarlas completamente en reposo! Los ejercicios varían mucho en función del peso corporal. Se recomienda también perder algunos kilos, ya que ésta es la mejor solución posible para preservar la articulación.

Los ejercicios intentan recuperar la amplitud necesaria en la articulación para poder continuar caminando normalmente. Los músculos también deben trabajar: si están tónicos, estabilizan la articulación y garantizan el equilibrio del cuerpo.

Ejemplo de ejercicio: estirarse sobre la espalda, levantar la pierna y mantenerla bien recta (¡prohibido flexionar la rodilla!), conservar la posición y/o describir pequeños giros con la punta del pie, a voluntad. Con la pierna extendida y la punta del pie girada hacia el exterior, elevar la pierna en diagonal por encima de la pierna opuesta.

¡Atención: desmontaje brutal!

Para protegerse y aliviar el dolor al caminar, la rodilla, gracias a captadores sensoriales específicos, a veces da órdenes a los músculos del muslo para relajar la contracción. Si el músculo está debilitado, esta fracción de segundo es suficiente para desmontar brutalmente la articulación de la rodilla. Frecuentemente ésta es la causa de caídas en las personas mayores. Preservar la musculatura de los cuádriceps del muslo permite montar la rodilla y mantener firme la posición de la pierna extendida. Si al caminar, la rodilla permanece constantemente flexionada, la articulación sufre excesivamente, y ese proceso refuerza la artrosis.

En el agua a... 35 °C

Si puede, acuda a un consultorio de kinesiterapia que disponga de piscina. La reeducación en el agua se percibe frecuentemente como mucho más agradable. La temperatura, 35 °C, calma los dolores. En el agua, caderas y rodillas soportan menos el peso del cuerpo. También es más fácil hacer trabajar los brazos, cuando se tiene artrosis cervical. Únicas contraindicaciones formales: la hipertensión y los problemas cardíacos y circulatorios.

Cuando las vértebras se sueldan

En las personas mayores, el cartílago deteriorado por la artrosis de la espalda, en la zona cervical o lumbar, cicatriza bajo forma ósea y hace perder la movilidad de las vértebras afectadas, pero anuncia también el fin de los dolores. En esta fase, es necesario evitar a toda costa que las vértebras se sueldan en mala posición, para limitar al máximo la pérdida de movilidad que implica la calcificación. Es aconsejable estirarse sobre el vientre, bien plano, al menos 10 minutos al día (salvo en caso de problemas respiratorios). Se puede colocar una almohada pequeña bajo el vientre si la posición es demasiado dolorosa.

¿Es una buena solución la cirugía?

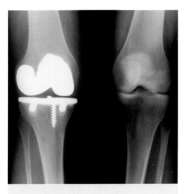

Una flamante articulación nueva

Existen dos tipos de prótesis de la rodilla. Se puede reemplazar enteramente la articulación de la rodilla o bien introducir una prótesis parcial en el lugar donde el cartílago está deteriorado. Para la cadera sólo existen prótesis totales. Las intervenciones son cada vez más frecuentes en España.

Cuando los medicamentos no son suficientes, es posible operarse. Una operación quirúrgica puede corregir en primer lugar los defectos de la articulación. En una fase más avanzada, una prótesis reemplaza a la articulación demasiado dañada.

En primer lugar reparar...

A causa de las deformaciones que implica, la artrosis trastorna el eje que existe entre los dos huesos. En lugar de encajar bien entre sí, éstos ya no están colocados correctamente uno en relación con el otro. Es el momento para que intervenga el cirujano para restablecer el eje de la articulación. Así se va a prevenir o ralentizar la evolución de la enfermedad.

El restablecimiento del eje de la rodilla concierne a las articulaciones dolorosas. Es una operación posible en personas de menos de 70 años. Los ligamentos alrededor de la articulación deben funcionar bien. Una operación quirúrgica de este tipo permite retardar la colocación de una prótesis de rodilla.

Para la articulación de la cadera, se pueden operar personas todavía jóvenes, de menos de 50 años. Esto es corriente para cuidar la artrosis inicial. Una molestia solamente moderada es también una buena razón para operar. Pero contrariamente a la rodilla, este tipo de cirugía no impedirá la colocación de la prótesis.

... después eventualmente reemplazar la articulación

Una operación de restablecimiento del eje de la rodilla o de la cadera no siempre es suficiente para resolver el hándicap causado por la artrosis. En este caso es necesario pasar a un tratamiento más radical: la colocación de una prótesis. Es una decisión que toma el cirujano en función de la importancia del dolor y la molestia funcional. El desgaste del material es ineludible, razón por la cual deben reemplazarse las prótesis. Duran un promedio de 15 años, tanto para la cadera como para la rodilla. No se dudará en colocar una prótesis a alguien de 70 años, por el hecho de la duración de vida del paciente. Pero en personas más jóvenes, una segunda operación, para cambiar de prótesis, a menudo es muy difícil de realizar. De ahí la reticencia a operar a un paciente joven. En las personas mayores, la decisión está en función de su movilidad, de su necesidad de caminar, de su tolerancia al dolor. Si la operación no es posible, un bastón o un sillón permiten conservar cierta movilidad.

¿Y para la artrosis de la mano?

La cirugía es rara, porque la molestia que se siente en la mano se considera tolerable. Sin embargo, es necesario pensar seriamente a partir del momento en que el tratamiento médico no es eficaz, y cuando las infiltraciones no tienen efecto sobre el dolor ni sobre la molestia. Pero hay que hacerse operar rápidamente, antes de que se instalen deformaciones importantes, que hagan imposible la intervención. El objetivo de la operación es volver a colocar los huesos en el eje correcto, y disminuir así los dolores. La colocación de una prótesis, por causa de la artrosis, es extremadamente rara.

¡Protejo mi prótesis!

Justo después de la operación, el riesgo de flebitis (un coágulo obstruye la circulación venosa) puede evitarse reanudando rápidamente la acción de caminar. Para evitar la luxación, se prohíben los movimientos bruscos de rotación hacia el interior, sobre todo durante los tres primeros meses después de la operación. Y a largo plazo, consultar siempre inmediatamente con el médico en caso de infección, incluso benigna (dental, urinaria). Al cabo del tiempo, puede suceder que la prótesis se despegue: se sale de su eje porque ya no está adaptada al hueso que antes unía, pero en algunos casos no se puede hacer nada.

Plantas y medicina, una larga historia

La fitoterapia forma parte de la medicina tradicional y no de las medicinas suaves tan frecuentemente desacreditadas. Las plantas utilizadas desde hace mucho tiempo para curar están siempre en el corazón de la medicina actual.

En China la farmacopea abarca más de 20.000 vegetales. En las montañas sagradas de la Amazonia, se han descubierto más de 9.400 especies vegetales, de las cuales un 40% son desconocidas en el resto del mundo. La fitoterapia utiliza más de 3.000 plantas... El único objetivo de este inventario de cifras es recordar que la fitoterapia es una de las medicinas más antiguas del mundo.

La aspirina, una historia de plantas

Hipócrates (460-377 a. de C.), fundador de la medicina, prescribía tisanas de hojas de sauce para calmar los dolores. El principio activo del sauce blanco (*Salix alba*) fue aislado en 1825 por un farmacéutico italiano, Francesco Fontana, que lo bautizó como «salicilina». Al mismo tiempo, un químico suizo, Karl Jacob Lowig, preparó en 1835, a partir de la reina de los prados (*Spirea ulmaria*) un compuesto identificado como ácido salicílico. En 1897 Félix Hoffman, químico alemán, sintetizó este ácido a partir de dióxido de carbono, de fenol y de sodio. Así nació la aspirina, cuyo nombre recuerda el proceso químico (acetilación), la planta que le ha dado nacimiento (*Spirea*) y remedios semejantes para calmar el dolor (morfina). Así es como nació la aspirina, ¡de la unión de una flor y de un árbol!

Considerada durante mucho tiempo como un remedio de la abuela, la fitoterapia ha resurgido en nuestras farmacias bajo forma de píldoras, de pomada o incluso de gotas

Preparaciones galénicas de las plantas

El polvo total triturado en frío: la planta entera seca se tritura a −196 °C. El polvo obtenido se coloca en píldoras.

El extracto fluido: después de la maceración de la planta en agua o en alcohol, se evapora la solución hasta obtener la concentración deseada. Se obtienen así extractos fluidos poco concentrados.

El nebulizado (o atomizado): las partes activas de la planta se ponen a macerar en agua y alcohol. Después se calienta la solución y se pulveriza para recoger los principios activos bajo forma de polvo, el cual se coloca en píldoras.

Los aceites esenciales se obtienen por destilación con agua y se utilizan en aromaterapia, una rama de la fitoterapia.

Muchas civilizaciones han estudiado las plantas a fin de conocer sus virtudes terapéuticas.

Este conocimiento empírico se ha transmitido de generación en generación. Actualmente, el 80% de los habitantes del planeta no usa para curarse más que medicinas tradicionales, y la Organización Mundial de la Salud anima a los gobiernos a recurrir a la fitoterapia, a fin de no dejar debilitar los conocimientos ancestrales.

Las plantas, un modelo

Utilizadas directamente para extraer los principios activos o sirviendo de modelos para la fabricación de moléculas químicas, las plantas constituyen la base sobre la cual reposa la farmacopea moderna. En la farmacopea francesa hay inscritas 1.200 plantas, y el 75% de los medicamentos químicos consumidos en Occidente se fabrican a partir de plantas. Es el caso del digital, presente en los cardiotónicos, o de la adormidera, origen de la codeína y la morfina. El tejo, utilizado en otra época para fabricar un veneno, ha permitido el descubrimiento de un anticanceroso, el taxol. Por consiguiente, las plantas ocupan un lugar preferente en la medicina actual. Sin embargo, la utilización directa de las plantas ha perdido terreno en beneficio de los medicamentos químicos.

La fitoterapia está excluida actualmente de la enseñanza médica, aunque desde 1987 está oficialmente reconocida en Francia por la Academia de Medicina, y ha sido objeto de numerosas investigaciones científicas que atestiguan su eficacia.

El *harpagophytum*, una planta llegada de África

Antiinflamatorios, antálgicos, infiltraciones... estos remedios contra la artrosis son a veces insuficientes o se vuelven ineficaces después de una utilización demasiado larga. ¿Qué sustancia utilizar cuando la medicina moderna no sabe qué hacer? ¡La naturaleza aporta una solución!

En los desiertos de África del Sur, el Kalahari o en Namibia se encuentra esta planta herbácea y rastrera llamada *Harpagophytum procumbens*. En los brotes jóvenes nacen flores rojo-violáceas que más tarde se transformarán en frutos. Con referencia a la particularidad de sus frutos, esta planta se conoce también con el nombre de «garra del diablo». Están cubiertos por excrecencias aceradas que se enganchan al pelaje de los ani-

Cuando el *harpagophytum* se enfrenta a la química

En el año 2000 se realizó un estudio científico con 122 personas con artrosis de la cadera y de la rodilla. Durante cuatro meses, un grupo tomó 6 píldoras de 435 mg de *harpagophytum* al día (grupo fitoterapia), y el otro grupo 100 mg de diacerheina, un antiinflamatorio no esteroide específico de la artrosis. Los participantes ignoraban qué tratamiento seguían. Los resultados demostraron que los dolores disminuyeron en los dos grupos. Los pacientes del grupo de fitoterapia utilizaban menos medicamentos contra el dolor al final del estudio que los otros. Sufrían también menos diarreas (8%) que los que seguían el tratamiento antiinflamatorio químico (26%).

males y les obliga a agitarse violentamente para deshacerse de ellos. Esta planta asombrosa se refugia bajo tierra cuando la lluvia es escasa: sus raíces se hunden hasta 1 metro y le permiten almacenar reservas para hacer frente a los periodos áridos.

Ésta es precisamente toda su riqueza, ya que el *harpagophytum* oculta sus principios activos. Son sus raíces secundarias, que pesan varios centenares de gramos, las que contienen lo mejor y las que se utilizan actualmente para la preparación de píldoras.

La garra del diablo

Los alemanes fueron los que trajeron la garra del diablo a Europa, a principios del siglo XX. Se han realizado estudios científicos a lo largo de todo este siglo, que han establecido la eficacia antirreumática de la planta. Los investigadores han aislado en las raíces las moléculas más activas: la harpagósida y la harpágida. Son iridoides, una familia de sustancias químicas con estructura particular y con propiedades antiinflamatorias.

En 1970 se demostró su papel sobre la inflamación crónica. En los años siguientes, se efectuaron numerosos estudios para comprobar la

Efectos menos conocidos sobre el apetito

El *harpagophytum* es una planta que se revela muy amarga cuando se la prepara en decocción. En la década de 1970, ciertos estudios demostraron que, utilizada bajo esta forma, la garra del diablo tiene efectos sobre las funciones digestivas e intestinales. Estimula el apetito, atenúa la dispepsia (incomodidad digestiva después de la comida) y alivia el estreñimiento. Por otra parte, ésta es una de las indicaciones por las cuales se prescribe en Alemania.

eficacia del *harpagophytum* sobre los síntomas de la artrosis. La mejoría del dolor y de la movilidad es clara en la mayoría de pacientes (los resultados son variables en función de las encuestas y de los parámetros estudiados). Así se ha verificado que la principal propiedad de esta raíz es el efecto antiinflamatorio…, y como la inflamación es la causa principal de los fenómenos articulares, actualmente se reconoce al *harpagophytum* como una planta de acción antiartrítica y antirreumática.

La planta que alivia las articulaciones

He aquí cómo utilizar el *harpagophytum* para aliviar el sufrimiento y recuperar la movilidad.

El *harpagophytum* permite aliviar a todos los pacientes que sufren de las articulaciones. Las personas que padecen artrosis, artritis, así como las que tienen poliartritis reumatoide, pueden recurrir a él. En función de la intensidad del dolor, puede ser utilizado solo o como complemento de otros tratamientos. La única contraindicación formal para la utilización de esta planta es el embarazo, ya que el *harpagophytum* desencadena contracciones del útero que aumentan el riesgo de provocar un parto prematuro.

Para cuidar las crisis agudas

En caso de crisis aguda, con accesos de la enfermedad, es muy importante tratar la inflamación y aliviar los dolores para poder continuar moviéndose. La inmovilización de la articulación dolorosa favorece la destrucción del cartílago, y no hace más que acelerar el proceso que uno creía cortar por medio del reposo.

La posología es de 6 píldoras al día, o sea, 2 píldoras de 400 mg en cada una de las principales comidas, durante dos semanas. Se puede igual-

¿En gotas o en píldoras?

La forma galénica más extendida es la píldora de polvo seco. El *harpagophytum* está disponible también bajo forma de tintura madre. La posología recomendada es entonces de una medida dos veces al día en un vaso de agua.

mente asociar con otras plantas antiinflamatorias, tales como **el sauce** o **la reina de los
prados**, que tienen también propiedades antiinflamatorias y antidolorosas reconocidas en el tratamiento de las articulaciones. El *harpagophytum*
también puede tomarse en asociación con antiinflamatorios químicos si las manifestaciones de la
artrosis son más importantes.

Consulte con su médico o su farmacéutico para adaptar las posologías.

Un tratamiento a fondo

El *harpagophytum* puede ser utilizado solo, a
razón de 3 píldoras de 400 mg antes de cada una
de las tres comidas para un tratamiento a largo
plazo en personas que padecen artrosis desde
hace varios años y que necesiten aliviar los dolores cotidianos. El *harpagophytum* permitirá
también disminuir el tiempo de desoxidación
matinal y hacer que las articulaciones sean más
móviles y funcionales. El tratamiento se sigue
por curas de tres meses, entrecortadas con una
pausa de un mes.

La acción antiinflamatoria cotidiana actúa
también sobre el proceso de inflamación crónica
que destruye el cartílago y hace progresar la artrosis. Éste no es el caso de los antiinflamatorios
no esteroideos que tratan el dolor, pero tienen un
efecto nocivo sobre el cartílago a largo plazo, tal
como han demostrado estudios recientes efectuados con animales.

Ningún problema digestivo

El *harpagophytum* no tiene efectos secundarios sobre el aparato digestivo. Ésta es una ventaja enorme sobre los tratamientos prescritos habitualmente, los cuales pueden implicar problemas digestivos importantes. Así los pacientes que sufren a la vez de artrosis poco avanzada y de problemas gástricos, úlcera u otro, pueden encontrar una alternativa en este tratamiento natural.

¿Qué producto comprar?

Es necesario vigilar la calidad de la planta. En efecto, pueden existir «falsificaciones». Se trata de un fenómeno vegetal que puede hacer confundir las raíces principales y las raíces secundarias. Se necesita un estudio anatómico para diferenciarlas. Por tal razón, la utilización de plantas vegetales que tienen un papel terapéutico ha sido sometida a una reglamentación, cuyo objetivo es garantizar la calidad de la materia prima. Los centros de investigación analizan y controlan así la calidad de las plantas. Luego se libra una autorización de comercialización, al igual que para cualquier medicamento. La etiqueta farmacéutica garantiza la calidad del producto.

Las plantas antiinflamatorias

Los problemas venosos que acompañan a la artrosis

Después de varios años, la artrosis de rodilla va acompañada con frecuencia, en particular en la mujer, de problemas de la circulación venosa. Las plantas venotónicas, tales como el castaño de Indias, la vid roja y el ciprés, favorecen la circulación sanguínea, y se prescriben para aliviar los síntomas de piernas pesadas. El ginkgo, que tiene la propiedad de fluidificar la sangre, se prescribe en los riesgos de trombosis para evitar que un coágulo sanguíneo obstruya la vena.

Aguacate y soja

Una síntesis de los estudios realizados sobre los tratamientos utilizados en fitoterapia para cuidar la artrosis ha demostrado que los extractos de aguacate y de soja tienen una acción beneficiosa contra la artrosis. El aceite de aguacate y el aceite de judía de soja contienen, como todas las materias grasas, sustancias llamadas insaponificables, porque nunca llegan a ser solubles en agua, incluso después de un proceso químico particular. Dos estudios clínicos han comparado durante 3 y 6 meses la eficacia de una mezcla de extractos de aguacate (1/3) y de soja (2/3) con relación a un placebo. El extracto permite mejorar la movilidad articular de personas que sufren de artrosis de la cadera y de la rodilla, y disminuir la toma de medicamentos antiinflamatorios.

En fitoterapia, hay otras plantas con virtudes antiinflamatorias, indicadas para tratar los problemas articulares. Solas o en complemento con el *harpagophytum*, actúan también sobre el dolor y mejoran la movilidad.

La cúrcuma (*Curcuma longa*)

La cúrcuma es una planta asiática. La parte activa es el rizoma que, secado y después triturado, da una especia muy utilizada en la cocina oriental. Al igual que el jengibre, estimula la actividad digestiva y también puede contribuir a la lucha contra los microbios. Además, tiene propiedades antirreumáticas, unidas a su actividad antioxidante: al atrapar los radicales libres, actúa sobre uno de los fenómenos principales implicados en la destrucción de la articulación. Sus potentes propiedades antiinflamatorias constituyen un aliado en el tratamiento de la artrosis, de la artritis y de la poliartritis reumatoide.

El sauce blanco (*Salix alba*)

Este árbol, que crece en los suelos húmedos de Europa, ha sido utilizado desde la antigüedad para cortar los resfriados, los estados gripales y las articulaciones doloridas. La corteza del sauce blanco aporta compuestos que tienen la propiedad de transformarse en ácido salicílico después de la digestión y absorción en el organismo. Su acción antiinflamatoria sobre las articulaciones dolorosas resuelve los inconvenientes propios de la aspirina a nivel digestivo. En caso de crisis aguda de artrosis es recomendable tomar 2 píldoras mañana y tarde, además del tratamiento con *harpagophytum*. El sauce blanco también puede utilizarse en crisis de gota.

El fresno (*Fraxinus excelsior*)

Árbol común en Europa, sus hojas se utilizan en fitoterapia por sus propiedades antiinflamatorias salicílicas. Las tisanas se consumen igualmente para favorecer la eliminación renal del agua.

La reina de los prados (*Filipendula ulmaria*)

Planta común, se la encuentra en los prados, tal como su nombre indica, a lo largo de los setos y de los cursos de agua. Sus propiedades antirreumáticas están contenidas en las flores de la planta fresca, ricas en compuestos salicílicos (aspirina). También tiene acción contra la celulitis, en el tratamiento de los edemas o incluso de la fiebre. Es particularmente eficaz para luchar contra la inflamación en asociación con el *harpagophytum*.

Masajes con aceites esenciales

Una crema a base de aceite esencial de camomila (*Matricaria chamomilla*) aplicada en fricciones locales proporciona un efecto antiinflamatorio, antálgico y relajante. Unas fricciones suaves sobre las articulaciones afectadas de artrosis, con una loción a base de aceites esenciales de jengibre, de romero y de mejorana, permiten igualmente aliviar los dolores.

El sauce blanco

El fresno

Las plantas remineralizadoras

Gracias a plantas con virtudes remineralizadoras, la fitoterapia puede ayudar a actuar sobre el fenómeno central de la artrosis: la destrucción del cartílago.

La cola de caballo (*Equisetum arvense*)

La cola de caballo

La cola de caballo no se utiliza en fitoterapia por sus compuestos específicos, sino porque es una planta rica en minerales, en particular silicio y potasio. Sus virtudes remineralizadoras aumentan la síntesis del colágeno, una sustancia esencial en la estructura del cartílago. Contribuye también a reforzar y reparar el esqueleto óseo. Su riqueza en sílice permite evitar las carencias que son muy frecuentes con la edad. Tiene también una acción diurética. Se tomarán de 2 a 3 píldoras por día en asociación o no con la ortiga. También puede asociarse con el *harpagophytum*. Igualmente en infusión, preferiblemente por la mañana.

La ortiga (*Urtica dioica*)

La ortiga

Más conocida por su acción sobre los fáneros (se preconiza en caso de caída de los cabellos y de uñas quebradizas) la ortiga también puede ser útil en las enfermedades articulares. Sus propiedades remineralizadoras y reconstituyentes hacen que sea una planta interesante en el tratamiento de fondo de la artrosis. Las píldoras fabricadas a partir de la parte aérea de la planta, rica en hierro y en sílice, deben utilizarse para cuidar los dolores articulares.

Las raíces de ortiga, que contienen otras sustancias, se utilizan para cuidar los problemas masculinos ligados a la hipertrofia de la próstata. Se tomarán 3 píldoras al día. En infusión es mejor consumirla por la noche.

El litotamo (*Lithotamnium calcareum*)

Es un alga pequeña que fija el calcio, el magnesio, el hierro, así como otros oligoelementos. ¿Qué interés tiene para los pacientes que sufren patologías osteoarticulares? Las personas que tienen reumatismos, a menudo presentan acidez en su organismo, lo cual favorece la pérdida de minerales. El carbonato de calcio contenido en el litotamo tiene la propiedad de neutralizar esta acidez. Otra particularidad ligada a la composición de esta alga: el magnesio permite aumentar su biodisponibilidad (capacidad de ser absorbida) en el intestino. Evidentemente, esta alga con particularidades tan interesantes se encuentra en los fondos marinos.

Los extractos vegetales ricos en flavonoides: la grosella

La grosella tiene propiedades antiinflamatorias y diuréticas, especialmente por la presencia de sustancias llamadas flavonoides. Frecuentemente se recomienda en asociación con el *harpagophytum*, a razón de 2 píldoras de cada planta tres veces al día. También pueden encontrarse flavonoides en los cítricos, las bayas, el té verde, el vino tinto, las cebollas, el chocolate negro y las frutas con hueso. Es bueno consumir un alimento rico en flavonoides al día.

Jengibre para la rodilla

Rico en antioxidantes, el jengibre se utiliza tradicionalmente para cuidar los reumatismos en los países orientales. Unos médicos americanos (Universidad de Miami, Florida) han realizado un estudio con 261 personas, a fin de comprobar la eficacia del jengibre sobre la artrosis de rodilla. Resultado: el jengibre disminuye el dolor e implica un descenso de la toma de medicamentos. Sin embargo, su eficacia es modesta. Originario de India o de China, el *Zingiber officinale* se utiliza entre nosotros para tratar el mareo de los viajes, las náuseas o también las digestiones difíciles.

La glucosamina

Hace algunos años un investigador americano publicó un estudio relativo a la eficacia sorprendente de una sustancia para reparar el cartílago lesionado por la artrosis: la glucosamina. Este tratamiento acaba de aparecer en nuestro país.

La glucosamina forma parte de las moléculas que construyen la estructura del cartílago, que desempeña un papel fundamental, al absorber y al rechazar el líquido sinovial contenido en las articulaciones. La glucosamina actúa a diferentes niveles:

- estimula la síntesis del cartílago;
- actúa contra la inflamación;
- estimula los fenómenos de reparación.

Todas estas acciones contribuyen a luchar de manera eficaz contra los síntomas de la artrosis y de las articulaciones inflamatorias: dolores, rigidez, e inflamación.

Pruebas científicas

Numerosos estudios han evaluado la eficacia de la glucosamina para cuidar la artrosis desde el final de la década de 1960. El más largo, y también el más convincente, fue publicado en 2001 en la célebre revista médica inglesa *Lancet*. Los investigadores de la universidad de Liège repartieron a 212 pacientes artrósicos en dos grupos: el primero recibió una dosis diaria de 1.500 mg de sulfato de glucosamina durante tres años, y el segundo un placebo. Los investigadores hicieron luego ra-

Asociación de bienhechores

El sulfato de condroitina es otra sustancia cuya eficacia sobre la artrosis ha sido estudiada. Permite reconstruir el cartílago y disminuir las enzimas que intervienen en su destrucción. Asociada a la glucosamina, la condroitina todavía parece más interesante. Las dos moléculas actúan en sinergia y potencian juntas sus respectivos efectos.

diografías de las rodillas de los pacientes al cabo de un esfuerzo de un año y de tres años del inicio del tratamiento. Observaron una reducción importante del espacio entre los huesos de las rodillas en los pacientes que tomaron el placebo.

Esta reducción de 0,31 mm atestigua el progreso de la enfermedad. Pero este espacio permaneció estable en los pacientes tratados con glucosamina. En este grupo, los síntomas mejoraron un promedio del 25%, mientras que se agravaron en el grupo placebo.

En diversos estudios, la glucosamina ha mejorado los síntomas de la artrosis de la rodilla, de las vértebras, de las caderas y de los hombros. Esta mejoría se constató desde el final de un tratamiento de seis semanas, y se confirmó dos semanas después de la interrupción. A largo plazo persistió la mejoría en los pacientes artrósicos tratados. Por otra parte, un dato nada desdeñable, y es que las radiografías mostraron que se había estabilizado el proceso de destrucción del cartílago. La enfermedad ya no progresó.

La glucosamina se tolera bien: pueden aparecer algunas molestias gástricas, tales como ardores, dolores o diarrea, pero desaparecen al interrumpir el tratamiento.

Mejor que los antiinflamatorios

La eficacia y la tolerancia de la glucosamina se han comparado a las de los antiinflamatorios no esteroideos. La glucosamina parece tan eficaz como el ibuprofeno, administrados a la dosis de 1,5 gramos al día para la primera, y de 1,2 gramos al día para el segundo. En otro estudio se comprobó que la glucosamina continuaba actuando varias semanas después de interrumpir el tratamiento, al contrario que el ibuprofeno. Por otra parte, la glucosamina se toleraba mejor que el antiinflamatorio, con menos efectos secundarios.

El sulfato de condroitina

- Favorece la síntesis de las células del cartílago;
- inhibe las enzimas responsables de la destrucción;
- favorece la circulación sanguínea en los tejidos de la articulación;
- alivia el dolor articular;
- reduce la inflamación de la sinovial.

Testimonio de una usuaria de glucosamina

El sulfato de glucosamina es la nueva molécula que revoluciona los dolores reumáticos. Hay diferencia de opiniones, entre pacientes satisfechos y médicos muy escépticos.

¡Una paciente que, por fin, revive!

Se trata de una mujer de 30 años. Ya hace varios años que sufre una poliartritis reumatoide. Sus muñecas están llenas de señales de cicatrices. Han sido operadas a causa de las deformaciones producidas por la enfermedad. Hace dos años una amiga le habló de un «tratamiento milagroso». La cuidaba un homeópata de París que le había prescrito sulfato de glucosamina. Ella se informó. Y se enfrentó a un muro: el escepticismo médico. Entonces empezó una caza de la glucosamina. Ningún homeópata conocía esta molécula, y ningún reumatólogo ni médico generalista estaba al corriente de los efectos de esta molécula. Una solución por medio de Internet: «navegar» hasta descubrir un sitio que pueda aprovisionarla de glucosamina. Estados Unidos está más avanzado que nuestro país, y hay sitios americanos en los cuales se vende. Comenzó el tratamiento y rápidamente constató una mejoría sorprendente. Menos crisis, menos dolores, menos fatiga… Es cierto que todo ello a base de un precio bastante elevado, pero ¡logrando una mejoría revolucionaria de su calidad de vida!

Pros y contras

Por una parte, el uso del sulfato de glucosamina está muy codificado. Por otra, los médicos no están convencidos. ¿Cómo conciliar ambas posturas?

Comencemos por los pros. Sin duda es lo más importante, ya que es la opinión de los pacientes. Su impresión con respecto a los efectos de la glucosamina es muy positiva. A condición de seguir bien las modalidades de empleo. Al principio, hay que tomar 4 píldoras de 500 mg al día, de dos a tres meses. Al final de este periodo se manifiestan los primeros efectos, y la rigidez disminuye claramente, así como el dolor y el número de crisis. De repente el enfermo recupera peso y fuerza. Es más fuerte para disfrutar de la vida. Después del «tratamiento de ataque» de tres meses, se debe continuar tomando 2 píldoras al día. ¡Sin límite de prescripción en el tiempo!

Los «contras»: la percepción de los médicos con respecto a la glucosamina, la cual suscita una sonrisa en el reumatólogo. «Lo esencial es que le vaya bien. De todos modos no puede hacerle mal, ya que es un simple complemento alimentario.» El médico de familia raramente está al corriente de la existencia de la molécula, e incluso los homeópatas tienen pocos conocimientos. En este periodo «ultracientífico» es difícil admitir la eficacia de un complemento alimentario, allí donde han fracasado los medicamentos sofisticados. La multiplicación de estudios positivos sobre la glucosamina será sin duda un gran paso para el reconocimiento de este tratamiento.

Fin del lío de la glucosamina

Durante mucho tiempo la glucosamina no se encontraba en nuestro país, y había que importarla a precio de oro de Estados Unidos. Esto se ha acabado. Desde ahora está disponible en farmacias (Cóndro-Aid® por ejemplo), asociada al litotamo, un alga marina antiácida y remineralizadora (*ver página 59*).

Algunas precauciones de uso

Sin embargo, el sulfato de glucosamina tiene algunas contraindicaciones. No hay que tomarlo si se es diabético. El tratamiento impone una supervisión médica en caso de alergia a los mariscos. En efecto, la glucosamina está «revestida» frecuentemente por caparazón de cangrejo, que puede ser fuente de alergias.

Los antioxidantes

Numerosas sustancias antioxidantes, especialmente las vitaminas, han demostrado su eficacia en el tratamiento de la artrosis: permiten ralentizar el progreso de la enfermedad.

Desde que el cartílago comienza a deteriorarse, a agrietarse, el fenómeno inflamatorio resultante favorece el proceso de destrucción. Se instala la enfermedad. El único medio para actuar verdaderamente sobre la enfermedad es proporcionar al organismo sustancias capaces de frenar la actividad de las enzimas destructoras. Éste es el papel de los antioxidantes, sustancias fabricadas por el cuerpo (glutation) o aportadas por la alimentación (vitaminas C y E, selenio, carotenoides) para proteger a las células del envejecimiento. Algunos actúan de manera particularmente eficaz sobre las articulaciones.

La vitamina C

El *Framingham Osteoarthritis Cohort Study,* un estudio americano con 640 personas, ha demostrado que la vitamina C protege de la artrosis.

Los participantes rellenaron cuestionarios sobre su régimen alimentario y su consumo de complementos. Los investigadores siguieron la evolución de las articulaciones de sus rodillas du-

El papel del selenio

El selenio es un mineral que se encuentra en el suelo, y que ingerimos a través de las frutas y las verduras que consumimos. Poderoso antioxidante, se almacena en los músculos y el hígado, y juega un papel esencial en el organismo.
Lamentablemente las tasas sanguíneas disminuyen con la edad, y nuestro suelo es particularmente pobre en selenio. Sin embargo, es indispensable para la fabricación de ciertas sustancias del cartílago. Un déficit de selenio implica una alteración de estas células, y por repercusión una falta de colágeno en el cartílago. Resultado: un contexto propicio para el progreso de la enfermedad.

rante unos 10 años. Entre las personas que consumieron más vitamina C, entre 152 y 430 mg al día, o sea hasta cruatro veces más que la cantidad recomendada para un adulto, la artrosis progresó tres veces menos rápidamente que entre las personas que consumieron menos. Para obtener 430 mg de vitamina C al día es necesario tomar un complemento alimentario. En julio del 2003, Niels Jensen, un médico generalista de Copenhague, demostró que ingerir comprimidos cotidianos de 2 g de vitamina C reducía el dolor y mejoraba la movilidad de las personas que sufrían artrosis de la rodilla o de la cadera. 133 personas tomaron la vitamina C y después el placebo (o a la inversa pero sin saberlo) en dos periodos de 15 días.

La vitamina E

Diversos estudios científicos han demostrado, desde 1978, que los suplementos de vitamina E permiten aliviar el dolor y reducir la toma de medicamentos. Sin embargo, otros estudios más recientes no han observado beneficio. La vitamina E es probablemente más eficaz cuando va asociada con otros antioxidantes, tales como la vitamina

C, los carotenoides y el selenio. En todo caso, esto es lo que sugiere un reciente estudio con animales: un complemento alimentario aportando estos antioxidantes, ha permitido prevenir la artrosis en ratones genéticamente frágiles en el plano osteoarticular.

Radicales libres, antioxidantes... ¿de qué se trata?

El oxígeno es el carburante principal del cuerpo humano... y paradójicamente también es la causa principal de su envejecimiento. La utilización del oxígeno por las células genera desechos, los famosos radicales libres, tóxicos para el organismo. La contaminación y el tabaco también son fuentes de radicales libres que modifican el código genético de las células y alteran su buen funcionamiento. Para protegerse, el propio organismo fabrica enzimas capaces de neutralizarlos. Recurre igualmente a sustancias antioxidantes que obtiene de la alimentación. Si estas reservas antioxidantes no son suficientes, los radicales libres se acumulan y contribuyen a la destrucción de las células.

Omega-3: aceite de pescado contra la inflamación

¿Dónde comprar aceites de pescado?

Los aceites de pescado se venden bajo forma de complementos alimentarios o de medicamentos en farmacias (cápsulas, píldoras). El organismo asimila perfectamente estos aceites. Deben tomarse preferentemente por la noche, pues las células se regeneran durante este periodo. Consulte con su farmacéutico.

Los aceites de los pescados azules son ricos en grasas omega-3, que tienen una actividad antiinflamatoria probada.

Sobre la pista de los esquimales

El primer estudio sobre el interés médico del aceite de hígado de bacalao se publicó en el *London Medical Journal* de… 1783. En 1980, investigadores daneses observaron que las enfermedades inflamatorias (articulares y cardiovasculares en particular) son infinitamente más raras en los esquimales que en el resto del mundo. La alimentación puso a los científicos en el buen camino: los esquimales son los mayores consumidores de pescados azules. Estos animales aportan grasas de un género particular, que se llaman omega-3, las cuales, cuando se ingieren, dan origen en el organismo a sustancias que combaten las inflamaciones. De ahí la idea de dar aceites de pescado para tratar las enfermedades inflamatorias.

Más tarde, numerosos estudios clínicos han demostrado la eficacia de los aceites de pescado para cuidar las enfermedades articulares inflamatorias, en particular la artritis reumatoide, pero también la artrosis y la artritis psoriásica. Los resultados demuestran que los enfermos que tomaban diariamente píldoras de aceite de pescado (generalmente 3 g/día para la artritis reumatoide) tenían menos dolores en las articulaciones afectadas y podían moverse mejor después de tres meses de tratamiento que los que tomaban un placebo.

Proteger el cartílago

Los omega-3 permiten ralentizar, y a veces detener, la actividad de las células implicadas en el proceso de inflamación y de destrucción del cartílago. Al limitar la destrucción del cartílago, puede atenuarse la evolución de la enfermedad y preservar las articulaciones durante más tiempo. En 1989, el primer estudio sobre la artrosis demostró que 10 ml de aceite de hígado de bacalao al día aportan una mejoría de la movilidad y de los dolores después de seis semanas de tratamiento. Es interesante observar que en este estudio, el aceite de oliva (igualmente antiinflamatorio) obtuvo resultados similares. Si los estudios sobre los omega-3 más bien han sido realizados con personas que sufrían de artritis reumatoide, los resultados obtenidos, así como los conocimientos más recientes sobre el modo de acción de los ácidos grasos omega-3 sobre el cartílago, muestran que las personas afectadas por la artrosis también pueden beneficiarse.

También para prevenir las enfermedades cardiovasculares

Los omega-3 han sido muy estudiados, y empleados, en la prevención del infarto. En efecto, hacen bajar el nivel de triglicéridos en sangre (un factor de riesgo cardiovascular) y al mismo tiempo fluidifican la sangre. Desde principios de la década de 1990, numerosos estudios han demostrado que las personas cardiacas que consumen más cuerpos grasos ricos en omega-3, ya sea bajo forma de aceite o de margarina de colza, de pescado, o de cápsulas de aceites de pescado, disminuyen su riesgo de infarto.

¿De dónde proceden los omega-3?

Las grasas omega-3 son aportadas por la alimentación: se las encuentra en primer lugar en las nueces, las semillas de lino, las verduras verdes, los aceites de colza y de nuez. Pero también en los productos animales alimentados con lino (huevos, ciertas carnes) y en los pescados azules (salmón, arenque, sardina, caballa). El régimen alimentario actual aporta cada vez menos, debido al consumo masivo de una familia de grasas antagonista y proinflamatoria, los omega-6, que se encuentran en los aceites de girasol y de maíz, y en la carne de los animales alimentados con maíz. El régimen moderno, pobre en omega-3, y sobrecargado en omega-6, favorece las enfermedades inflamatorias.

El agüista

La cura termal no es un mero fenómeno de moda. Sus beneficios para la salud son reconocidos desde ahora. Los médicos la utilizan como un valioso medio terapéutico. Tanto mejor para el paciente, ¡ya que es un bien muy agradable!

Una cura termal es un conjunto complejo dedicado a la armonía y a la calma. El tratamiento no sólo reside en los cuidados, sino también en una gestión ambiental y humana. La naturaleza, la arquitectura y la decoración interior son pequeños detalles importantes. Prolongan el ambiente «zen» que emana del personal cuidador. Desde la acogida hasta los ratos de ocio, el diálogo es vital para permitir al agüista sentirse cómodo. Es importante hacer una cura varios años seguidos para aprovechar sus beneficios. Lo más frecuente es realizar una cura de tres semanas y repetirla tres años seguidos. La estación del año se puede escoger en función de la enfermedad del paciente, de las particularidades de tratamiento del centro termal y de la localización geográfica, además de las facilidades de acceso para el enfermo.

Concretamente, ¿cómo funciona?

El agüista tendrá a mano una planificación que especificará los horarios de sus cuidados: baños, duchas, masajes, aplicaciones de lodos, sesiones de rehabilitación, etc. Estos cuidados pueden ser fatigosos, por lo cual la jornada se organiza de manera que el agüista tenga tiempo para reposar.

Además de estos cuidados, es recomendable beber suficiente y con regularidad en el curso de la jornada para aprovechar al máximo los beneficios del agua termal. El termalismo es reconocido como un recurso médico de pleno derecho para luchar contra la enfermedad. La patología que se sufre debe entrar en la lista de las afecciones para las cuales se puede esperar una mejoría terapéutica. Éste es el caso de numerosos reumatismos, y más particularmente de la artrosis.

Vencer las neuralgias

Las neuralgias son dolores de origen neurológico: van ligadas a la compresión de un nervio por las degeneraciones óseas, especialmente los «picos de loro», que implica la artrosis. Los baños calientes y las aplicaciones de lodos muy calientes que proponen los centros de termalismo están muy adaptados a este tipo de manifestaciones.

Aguas termales para todos los gustos

- Las aguas sulfuradas tienen una acción contra los reumatismos. Luchan también contra las bacterias en las mucosas respiratorias.
- Las aguas sulfatadas actúan sobre los riñones, el tubo digestivo, el hígado y la vesícula biliar.
- Las aguas cloradas, próximas al agua de mar, son interesantes para la reeducación funcional de las articulaciones después de una operación o en caso de accidente. Se utilizan también en los problemas nerviosos o ginecológicos.
- Por último, las enfermedades cardiovasculares y dermatológicas mejoran gracias a las aguas bicarbonatadas, ¡al igual que las alergias!

Desde la antigüedad

Los vestigios de las termas romanas testimonian el uso del termalismo desde la antigüedad. Sin embargo, fue en 1604, bajo el reinado de Enrique IV de Francia, cuando se editó la primera *Charte des eaux thermales*. En el siglo XVIII se analizan y clasifican las aguas de las fuentes según sus propiedades. Para ser explotada como agua termal, actualmente el agua de fuente debe tener la correspondiente autorización sanitaria.

Estaciones termales para reumatismos

Son numerosas las estaciones termales especializadas en reumatismos, tales como Vichy, Caldas de Malavella y Caldes de Montbuí, entre otras. A través de Internet puede consultarse su ubicación y sus servicios.

Beneficios para los reumatismos

Los lodos termales y las aguas se utilizan a temperatura elevada para aliviar el dolor y la rigidez articular. Es precisamente el calor, asociado a los minerales, lo que permite una acción beneficiosa.

Tres semanas de cura, seis meses de beneficios

Un estudio francés realizado en 1997 en Vichy ha demostrado que una cura termal de tres semanas permite disminuir los dolores articulares y las dosis de medicamentos antiinflamatorios de personas que sufren de artrosis de la cadera, de la rodilla, o de la espalda (lumbares) durante los seis meses siguientes. La movilidad y la calidad de vida mejoran. En 2002 un estudio alemán demostró que los baños con agua sulfurada, en 19 personas que sufrían de artrosis, permitieron también reducir el progreso de la enfermedad.

De todos los reumatismos articulares, la artrosis es la que más se beneficia con una cura termal. El objetivo de la cura es paliar el dolor y recuperar una mejor movilidad de las articulaciones. Los baños y los lodos a base de agua termal caliente disminuyen las manifestaciones molestas de la enfermedad. Difunden su calor por el cuerpo y favorecen la relajación de los músculos. El calor también tiene la propiedad de disminuir los dolores y mejorar la circulación local. También se estimula la vitalidad de los tejidos que sirven de sostén y de bisagra entre los diferentes elementos (músculos, cartílago) alrededor de las articulaciones. Reforzados gracias a los baños y a los lodos, los tejidos periféricos pueden entonces desempeñar su papel plenamente y aliviar las articulaciones.

Se puede escoger entre tomar baños o duchas, o también combinarlos. Igualmente, los centros de termalismo proponen masajes gracias a chorros potentes de agua termal orientados hacia el cuerpo. El programa de cura comprende además sesiones de kinesiterapia, para mantener la motricidad de las articulaciones. Conviene que una cura termal vaya acompañada de un régimen dietético, pues el sobrepeso es un factor que agrava la artrosis.

¿Y los otros reumatismos?

Hace tiempo que los médicos se han planteado la cuestión de la eficacia de los cuidados termales sobre los reumatismos inflamatorios. El tratamiento da resultado solamente en ciertas personas. Entre ellas, las que sufren de una poliartritis de las extremidades, la movilización en un ambiente de vapores termales puede conducir a una recuperación a veces sorprendente. Pero es necesario reconocer que los resultados son menos buenos en las personas que sufren de enfermedades reumáticas articulares de origen inflamatorio (como la espóndil artritis anquilosante y las artritis microbianas). Son menos constantes que para la artrosis. Los casos de gota y de psoriasis, que pueden ser responsables de reumatismos, son atendidos en ciertas estaciones termales. Para todas las enfermedades, está contraindicado hacer una cura termal durante un acceso inflamatorio de la enfermedad.

El lodo

Las articulaciones con artrosis se recubren con una capa espesa de lodo que se deja reposar durante unas decenas de minutos. El lodo mantiene un calor superior entre 10 y 20° a la temperatura corporal. El objetivo es permitir los intercambios de minerales (calcio y oligoelementos) y la penetración de sustancias biológicas. El tipo de sustancias depende del tipo de agua. El ejemplo típico: las algas, con beneficios reconocidos, en las estaciones cerca del océano.

La kinesiterapia, un complemento indispensable

La reeducación es un complemento esencial para la cura. El kinesiterapeuta manipula los miembros afectados por los reumatismos: realiza los movimientos oportunos para trabajar suavemente la articulación. Luego es la propia persona la que realiza los movimientos de manera activa a fin de trabajar sus articulaciones.

Ha llegado el momento de cambiar de alimentación

La alimentación de una persona que sufre de artrosis o de artritis debe adaptarse a su estado. Diferirá necesariamente un poco de la de una persona con buena salud. Sin embargo, los esfuerzos que ha de realizar no son sobrehumanos en absoluto.

Su misión: controlar su peso si tiene algunos kilos de más, construir un entorno antiinflamatorio, reforzar las defensas antioxidantes, fortalecer huesos y articulaciones. Veámoslo con más detalle.

Controlar el peso

Uno de los medios más eficaces para controlar su peso es comer solamente por una buena razón: cuando se tiene hambre. No hay que tener hambre todo el tiempo. Se pueden hacer de tres a cinco comidas al día, según la edad (cinco comidas si se es mayor). No más. Para evitar «picar» entre comidas, es necesario soslayar las sensaciones de hambre. Éstas dependen en gran parte de una hormona llamada insulina, fabricada por el páncreas cuando se come, y cuyo papel es hacer pasar el azúcar, aportado por los alimentos, a los tejidos, donde será utilizado como fuente de

Aceites: ahorro

En los supermercados se encuentran aceites llamados mixtos, que promocionan sus efectos favorables para la salud. Son más caros, pero ¿cumplen sus promesas? En realidad, estos aceites están, como los de girasol y de maíz, desequilibrados en provecho de los omega-6. Ahorrará si prefiere el aceite de colza, perfectamente equilibrado, y que además es el menos caro del mercado.

energía. Cuantos más azúcares rápidos hay en la comida, más insulina se segrega. Este pico de insulina tiene dos consecuencias: por una parte, hace descender el azúcar en sangre, lo cual implica como reacción una sensación de hambre.

Por otra parte, aumenta la síntesis de un mensajero químico del cerebro, la adrenalina, que desencadena el apetito. En todos los casos, los azúcares rápidos conducen a «picar». Para evitarlo, los investigadores aconsejan en primer lugar comer globalmente un poco menos de cereales y de patatas (principales proveedores de azúcares rápidos). ¿Consumía dos rodajas de pan en el desayuno? Elimine una. Puede compensar la disminución de calorías con un poco más de proteínas vegetales (soja, quinoa) y de grasas (hasta un 40% del aporte calórico).

Luego, reemplace sistemáticamente las fuentes de azúcares rápidos (copos de maíz, pan blanco, pastelitos, patatas fritas, arroz blanco, galletas crackers, barritas chocolateadas, bebidas de cola) por azúcares lentos (copos de avena, pan integral, pasta, arroz integral, almendras, nueces, avellanas).

Falsos azúcares lentos

El pan y las patatas se presentan a menudo en el ámbito médico como azúcares lentos. Nada menos cierto. Estos alimentos tienen un índice glucémico elevado. Eso significa que, durante la digestión, liberan brutalmente su contenido en azúcar, lo cual implica una subida rápida del azúcar en sangre. Son verdaderos azúcares rápidos. Si no puede prescindir de las patatas, consúmalas hervidas en lugar de fritas: así son menos glucémicas. El pan con perfil más favorable es el pan de centeno integral con levadura, que no es muy fácil de encontrar.

Construir un entorno antiinflamatorio

Para ello, las grasas son la vía real. El objetivo es limitar las grasas saturadas (mantequilla, nata fresca), introducir el aceite de oliva monoinsaturado, si no lo consumía, y sobre todo restablecer la paridad entre las grasas de la familia omega-6 y las de la familia omega-3. Para ello, adopte los aceites de colza o de nueces, elimine los de girasol, maíz, pepitas de uva. Puede utilizar como alternativa oliva y colza para el aliño y oliva para la cocción. Paralelamente, puede consumir cada día algunas nueces o semillas de lino, y de dos a tres veces por semana pescado azul (nada de cocción agresiva: vapor, baño María), evitando comer demasiado frecuentemente atún, fuente de mercurio. También puede tomar como complemento alimentario cápsulas de aceite de pescado.

Verduras y frutas contra la artrosis

Su salud, no solamente la de sus articulaciones, depende de los antioxidantes. Así pues, actúe en consecuencia.

Más vitaminas

Los antioxidantes son sustancias que neutralizan a unas partículas muy agresivas llamadas radicales libres, responsables del envejecimiento. Dependemos de ellos constantemente y todavía más cuando las articulaciones sufren, ya que entonces los radicales libres aumentan notablemente. Los investigadores saben muy bien medir en el plasma nuestra capacidad para neutralizarlos.

Las personas que comen más frutas, verduras y alimentos completos ricos en antioxidantes (vi-

Los límites de la alimentación

Normalmente la alimentación debería aportarnos suficientes antioxidantes. Sin embargo, las encuestas alimentarias demuestran que una parte importante de la población, incluso bien alimentada, no recibe los suficientes. Una encuesta con 13.000 personas puso de relieve un riesgo de déficit en vitaminas C y E, que afectaba a más de una persona de cada tres. La situación fue similar en lo referente a minerales antioxidantes. Según un estudio de 1991 en Francia más del 80% de la población no recibían los aportes recomendados de zinc. Una mujer necesita cada día de 50 a 70 microgramos (mcg) de selenio. Pero en realidad la alimentación no proporciona más que 40 mcg.

taminas C, E, carotenoides, polifenoles) tienen una capacidad antioxidante más fuerte. Así se frena el proceso de envejecimiento general y el de envejecimiento articular.

Para hacer como ellas, idealmente deben consumirse cada día de 5 a 10 porciones de frutas y verduras, si es posible ricas en antioxidantes. Éste es el caso de frutas pequeñas (grosellas, moras, frambuesas, fresas, arándanos), uvas, naranjas, clementinas, pomelos, limones, ciruelas, dátiles, piña tropical, kiwis. En las verduras se encuentran concentraciones elevadas en la lombarda, los pimientos morrones, el perejil, las alcachofas y las espinacas. Las nueces son una fuente excelente de antioxidantes.

Más enzimas de fase 2

Hay enzimas poco conocidas del cuerpo médico que, sin embargo, existen en nuestras células. ¿Su función? Eliminar todas las sustancias tóxicas de la alimentación, como los pesticidas. No obstante, estas enzimas también tienen una función antioxidante, solamente puesta en evidencia por los investigadores en la primera década del 2000. Así pues, estas enzimas completan la protección ofrecida por los antioxidantes clásicos, tales como la vitamina C. Su ventaja: pueden funcionar permanentemente a condición de que se aporten con regularidad sustancias muy particulares de la alimentación, que las «activan». Se las encuentra en todas las verduras crucíferas (ver recuadro) pero también en el jengibre, la zanahoria, el apio, los espárragos, las cebollas verdes, el puerro, la lechuga y las espinacas.

Las crucíferas

La familia del género *Brassica* comprende 400 miembros, de los cuales los más conocidos son: coliflor, lombarda y col blanca, col de Bruselas, col china, colinabo, brócoli, rábano negro, nabo, nabo sueco, berro, colza y mostaza. Ni los hebreos ni los egipcios comían col. Por el contrario, figuraba en el menú de los griegos y los romanos. Catón aconsejaba comer col para prevenir las enfermedades crónicas. Le atribuía la existencia de sus 28 hijos. En el siglo XVII se cargaba col fermentada en los barcos, pues se había descubierto que prevenía el escorbuto. Actualmente las crucíferas figuran entre las diez familias de plantas más cultivadas en el mundo.

Los minerales indispensables

Para reforzar los huesos y las articulaciones, es necesario ingerir calcio. Pero esto no es suficiente.

El calcio, por supuesto

El calcio es necesario para la buena constitución del esqueleto óseo. En efecto, el calcio, asociado al fosfato, se fija sobre los huesos: asegura una buena densidad del hueso y garantiza su solidez de este modo. Sin embargo, el metabolismo del hueso se ve perturbado en las enfermedades articulares. De ahí el interés de considerar todo lo que pueda reforzarlo.

Además, el calcio, asociado a la vitamina C, parece muy interesante en el tratamiento de la artrosis. Un estudio publicado en 2003 ha comprobado que un suplemento diario de un gramo de ascorbato de calcio (una sal de calcio rica en vitamina C) reduce los dolores de la artrosis de la rodilla después de solamente dos semanas de tratamiento. El calcio se busca muy frecuentemente en la leche. Pero, ¡cuidado! la leche no debe ser nuestra única fuente, pues sus proteínas provocan a veces alergias, y sus grasas son malas para las arterias. Se puede comer yogur y ciertos quesos de cabra o de oveja.

Premonición

En 1968, los americanos Aaron Wachman y Daniel Bernstein fueron los primeros en emitir la hipótesis de que el calcio óseo era utilizado por el organismo para neutralizar el exceso de carga ácida aportada por la alimentación. Escribieron de manera premonitoria: «Puede ser interesante disminuir la pérdida ósea por medio de una alimentación que favorezca las cenizas alcalinas». Un régimen de este tipo haría hincapié en la ingestión de frutas, verduras, proteínas vegetales y una cantidad moderada de leche.

Las sardinas con espinas, los agrios, las almendras, los pescados y los mariscos, las coles, las aceitunas, las pasas de uvas y las bayas, las verduras crucíferas (brócoli, coles de Bruselas, coliflor, col china) son también buenas fuentes de calcio. Así, 100 g de col china aportan al organismo más calcio que un vaso de leche. Ciertas aguas minerales representan un aporte mayor de calcio si se consumen en cantidad suficiente: de 1,5 a 2 litros al día.

El equilibrio ácido-base

La alimentación proporciona iones de hidrógeno y sulfatos (ácidos) o bicarbonatos (bases). Según predominen o no los primeros, la sangre es más o menos ácida. Cuando es demasiado ácida, el cuerpo recurre al calcio óseo para neutralizar el exceso de acidez. El régimen alimentario en vigor desde el Neolítico, rico en cereales, lácteos, sal y azúcar es fuertemente acidificante. Por el contrario, una alimentación rica en vegetales, que aporten potasio (carga básica), combate la acidez y permite una mejor densidad ósea. Por tanto, es importante prevenir la acidosis. Claramente, éste es el caso de las personas que padecen inflamaciones articulares. Un estudio ha demostrado que la inflamación va acompañada de acidosis en las articulaciones. En realidad, cuanto más avanzada está la enfermedad, más perturbado está el equilibrio ácido-base.

Para restablecer el equilibrio ácido-base se puede consumir un poco menos de cereales, de productos lácteos, de sal y de azúcar, y un poco más de frutas y de verduras, y de frutos secos y oleaginosos. Se puede completar también con cápsulas de bicarbonato de potasio, que se encuentran en farmacias.

¿Qué es lo que hace que se fije más o menos bien el calcio?

Las necesidades del organismo: cuanto más elevadas son (crecimiento, embarazo, lactancia) más calcio alimentario se retiene.

La dosis: se asimila mejor el calcio cuando las dosis se fraccionan a lo largo de la jornada.

Las vitaminas D y K mejoran la absorción y la retención del calcio.

Las sales de potasio, las frutas y las verduras aportan una carga básica neta que limita las pérdidas de calcio óseo.

Los ejercicios físicos: los que ejercen un estrés físico sobre los huesos (musculación, baile) reducen la pérdida de calcio.

El tabaco, la cafeína, el alcohol, la sal, el exceso de proteínas animales, ciertos medicamentos (corticoides) favorecen la pérdida de calcio.

El deporte

El deporte no es enemigo de la artrosis, ¡en modo alguno! Incluso es indispensable practicar una actividad física cuando se tiene artrosis... ¡aunque moderadamente!

Es importante hacer deporte durante toda la vida, y la artrosis no debe impedirlo. Cada día es absolutamente necesario caminar y obligarse a hacer ejercicio físico, incluso cuando las articulaciones son dolorosas. Lo importante es adaptar la intensidad y la duración del esfuerzo a la edad de las articulaciones.

El deporte es necesario: permite preservar la buena movilidad de las articulaciones afectadas, y mantener la fuerza muscular y los tendones que rodean a la articulación. La actividad física estimula también la vascularización de los tejidos alrededor de la articulación, y por tanto la síntesis del cartílago.

¿Tienen más artrosis los deportistas?

En las personas jóvenes, los deportes que someten a las articulaciones a presiones y torsiones fuertes, tales como el esquí, por ejemplo, pueden favorecer la artrosis de la rodilla o de la cadera. Sobre todo, los que predisponen a la enfermedad son los traumatismos articulares ligados al deporte. Otros deportes, tales como la carrera a pie o el fútbol, pueden favorecer la artrosis únicamente si se practican de manera muy intensa, en competición y durante muchos años.

Muévase... pero cuide sus articulaciones

Escoja un deporte que no solicite excesivamente las articulaciones. ¡Se acabaron los partidos de tenis, o las excursiones en bicicleta! Decídase más pronto por la natación y la gimnasia en piscina, las cuales permiten trabajar suavemente las articulaciones. El agua disminuye el peso que soportan las articulaciones y, por su resistencia, hace trabajar los músculos con más o menos fuerza, según la velocidad de ejecución de los movimientos. Estas actividades se recomiendan particularmente a las personas con sobrepeso. La gimnasia «en seco» también es conveniente.

¡Las personas mayores, también!

A fin de evaluar precisamente los beneficios de la actividad deportiva sobre la artrosis, unos investigadores americanos han seguido a 439 personas de 60 años o más durante 18 meses. Todas sufrían de artrosis de la rodilla en una fase que obstaculizaba su libertad de movimiento. Las participantes hicieron ejercicios de resistencia (tipo levantamiento de peso) o deporte (tipo marcha, natación, gimnasia). Al final del estudio, todas las participantes dijeron sufrir menos, tener menos dificultad para levantarse y transportar peso. Caminaban más rápidamente, y tardaban menos tiempo al subir o bajar las escaleras o al salir de su coche. Según este equipo americano, debe prescribirse actividad física regular, al igual que los medicamentos como parte básica del tratamiento de la artrosis.

Deporte para mejorar la densidad ósea

Numerosos estudios han demostrado que las personas de edad que practican una actividad física varias veces por semana tienen mejor densidad mineral ósea que las que permanecen inactivas. Diversos ejercicios de musculación tres veces por semana durante seis meses han permitido que hombres y mujeres con edades comprendidas entre 60 y 83 años reforzasen la densidad ósea en la cadera.

Preservar la espalda y las articulaciones

Cuando se tiene artrosis, incluso antes de que se declare, es necesario proteger las articulaciones adoptando movimientos apropiados.

Cada día, a todo lo largo de la vida, las articulaciones se fatigan inútilmente. Mantenerse de pie, agacharse, sentarse o transportar paquetes… son cosas que se hacen a diario, pero ¿las hace correctamente? He aquí algunos consejos para preservar sus articulaciones. Se trata de adquirir buenos hábitos… ¡y sobre todo mantenerlos!

En general, todo el mundo debe evitar:

• las posiciones fatigosas prolongadas. Si debe permanecer sentado o de pie varias horas seguidas, haga pausas para caminar, estirarse y extender sus músculos cada 2 horas como máximo;

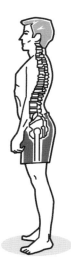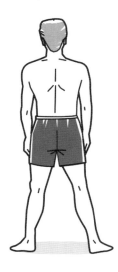

• los movimientos bruscos y las torsiones que dejan fuera de eje los huesos conectados a las articulaciones. La torsión de la columna vertebral, por ejemplo, utiliza las articulaciones de las vértebras inútilmente. Gire y dé completamente la vuelta para mirar lo que pasa detrás de usted.

Posición de pie

La columna vertebral debe mantener todo lo posible su curvatura natural. Por tanto, es necesario mantenerse derecho, sin arquear excesivamente los riñones ni encorvar la parte alta de la espalda.

Si debe permanecer de pie mucho tiempo, separe un poco las piernas abriendo los pies hacia el exterior para repartir el peso a cada lado.

Posición sentado

Encájese siempre en el fondo del sillón. El respaldo mantiene su espalda y evita que se hunda. Los brazos se apoyan en los apoyabrazos. La televisión debe verse bien enfrente y a la altura de los ojos. En el trabajo los pies deben estar elevados, y el asiento regulado a la altura correcta con respecto al escritorio.

El Tai Chi, fuente de bienestar

Un estudio americano ha demostrado que la práctica cotidiana del Tai Chi alivia los dolores de la artrosis. Este arte marcial, muy suave, consiste en realizar movimientos que mejoran la circulación sanguínea y refuerzan los tejidos próximos a las articulaciones. Gracias a estos efectos se alivia el dolor. Según un estudio americano, unas personas con edades de 68 a 87 años se quejaban menos de dolores de su artrosis después de diez semanas de entrenamiento. Además, y a veces se olvida la importancia del espíritu en la gestión del dolor, el tai chi permite un dominio de sí mismo, de su respiración y de su energía interior. También estimula la moral. Por tanto, ¡puede practicarse sin moderación!

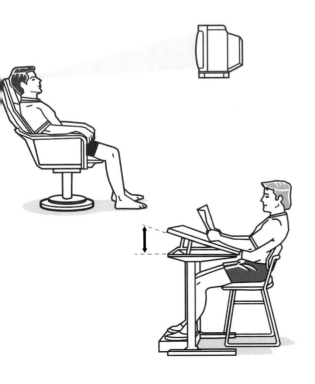

Para agacharse

Flexionar siempre las rodillas y no inclinar la columna. Para recoger un objeto se pueden flexionar ambas rodillas para descender al suelo, o flexionar ligeramente una rodilla y bascular con la otra pierna apoyándose con una mano, en una mesa, por ejemplo. Para vestir a un niño, poner una rodilla sobre el suelo, para mantener la espalda recta en vez de inclinarse hacia delante.

Para levantar y transportar paquetes

En la vida cotidiana, repartir las bolsas a cada lado del cuerpo.

Cargas pesadas: agarrar el objeto por detrás de usted entre las piernas, y después enderezarse, manteniendo la espalda recta para balancearse y apoyar el objeto pesado contra el muslo. Transportar siempre las cargas pesadas muy cerca del cuerpo.

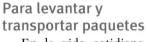

¿Una buena cama mullida?

Procure dormir en una cama que no sea demasiado blanda, y que no se hunda bajo el peso de su cuerpo. Cambie su ropa de cama cada 10 años. Hay que evitar los colchones de lana. Evitar también las almohadas grandes y los cabezales gruesos: dormir con la cabeza demasiado adelantada es una de las causas principales de dolores y rigideces cervicales. Por el contrario, para leer recostado, la almohada debe descender hasta los hombros, y mantener bien recta la nuca y la parte alta de la espalda. Evite acostarse y levantarse demasiado bruscamente. Apóyese sobre las piernas y los brazos, de modo que no solicite únicamente a su columna vertebral.

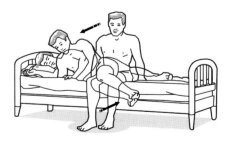

Conclusión

La artrosis es desde ahora un fenómeno bien conocido. A lo largo de este libro se ha podido constatar que las causas de esta enfermedad son múltiples, y van desde el envejecimiento «normal» hasta las infecciones, pasando por los traumatismos. Los síntomas ligados al desgaste del cartílago son variables y a veces muy invalidantes. Felizmente, la medicina progresa. Poco a poco aprendemos a aliviar a todos los que sufren.

El panel de las terapéuticas es extenso. Gracias a ello, cada uno puede encontrar lo más conveniente para él. La medicina clásica utiliza los antálgicos y los antiinflamatorios. Frecuentemente son los más eficaces, al menos al comienzo de la enfermedad. El recurso a la cirugía es indispensable algunas veces cuando ésta evoluciona o cuando los medicamentos no surten efecto. Pero en lo sucesivo la instalación de prótesis se domina bien.

Las medicinas naturales también tienen lugar en el tratamiento de la artrosis. Actualmente se sabe que la fitoterapia tiene virtudes hasta ahora ignoradas. Así, son numerosas las plantas que consiguen tratar la fiebre y aliviar el dolor. Ésta puede ser una buena solución cuando se conocen los efectos indeseables que pueden tener los antiinflamatorios. Además, las investigaciones avanzan. Se descubren nuevas moléculas. Éste es el caso de la glucosamina, ya utilizada en varios países. Los enfermos que han podido constatar sus beneficios aprecian mucho su eficacia.

Otra manera muy sencilla de mejorar los síntomas de la artrosis se encuentra en la alimentación. En efecto, ciertos alimentos contienen sustancias beneficiosas para el cartílago. Por tanto, es bueno consumirlos regularmente. ¡Es un medio fácil para beneficiarse!

La artrosis no es una fatalidad. Cada día hay estudios sobre nuevos tratamientos que progresan. Se han probado injertos de células que construyen el cartílago, así como síntesis de cartílago artificial. Todo está en marcha para suprimir estos males que frecuentemente perjudican la vida cotidiana. Así pues, mantenga la esperanza de encontrar el tratamiento que le convenga... ¡y que le cambiará la vida!

Artrosis: ideas preconcebidas

La enfermedad, fuente de desconocimiento y de incertidumbre, es muchas veces un vehículo para las ideas preconcebidas. Nuestra cultura, una experiencia personal o la de otra persona... son algunos de los muchos elementos que interfieren en nuestra percepción de la enfermedad y en la visión que tenemos. He aquí algunos factores para ayudarle a distinguir lo falso de lo verdadero.

Los antiinflamatorios hacen más mal que bien

¡Falso! Ciertamente son la causa de problemas no desdeñables. Los ardores gástricos y los dolores abdominales pueden alterar moderadamente la calidad de vida. Sin embargo, conviene relativizar. Las complicaciones graves son raras. Si se comparan los pros y los contras, uno se da cuenta de que, en efecto, los beneficios terapéuticos predominan sobre los efectos secundarios.

Las plantas pueden curarlo todo

Falso. ¡No se puede pedir a las plantas lo imposible! No pueden curar ciertas enfermedades graves, tales como el sida, el cáncer y algunas más. Sin embargo, permiten cuidar buen número de afecciones corrientes, y son una ayuda preciosa en el tratamiento complementario de ciertos problemas generados por la enfermedad o los tratamientos.

Las plantas son menos eficaces que los medicamentos químicos

Verdadero y falso... En realidad, no actúan de la misma manera. Una planta contiene generalmente numerosos principios activos que permiten tratar al paciente globalmente.

El medicamento químico concentra un solo principio activo con el objetivo de una acción rápida y directa. Sin embargo, se debe saber que buen número de nuestros medicamentos modernos provienen de plantas, y encierran con mucha frecuencia extractos de planta o moléculas vegetales modificadas. En efecto, los investigadores encuentran sustancias activas en el seno de los vegetales. Por ejemplo, la digitalina, tratamiento de la insuficiencia cardiaca, sale del digital, una planta vivaz que florece en nuestros bosques durante el verano.

La artrosis no es curable

Verdadero. Si uno se atiene a definiciones precisas. El término «curar» indica que la enfermedad ha sido erradicada del organismo donde actuaba. La artrosis es un envejecimiento de la articulación, que no se puede eliminar completamente. Los tratamientos permiten simplemente ralentizar su evolución y aliviar los síntomas.

Para disminuir el dolor, es preciso utilizar bien la cama

Verdadero. Efectivamente, la cama es muy importante en la «gestión» cotidiana de la artrosis. Si se evitan los colchones demasiado blandos, y se duerme con almohada, mejorará el sueño. Pero también se debe prestar atención para levantarse correctamente de la cama: primero se han de apoyar los pies en el suelo y, una vez bien apoyado, hay que levantarse con la espalda bien recta.

El dolor es una fatalidad

Falso. En modo alguno. Muchas personas se imaginan que es «normal» sufrir a partir de cierta edad, pero evidentemente no es así. El dolor traduce una anomalía de funcionamiento. Aunque debe aceptarse el hecho de envejecer, y de no estar en la misma forma que antes, no hay que olvidar que existen medios para aliviar el dolor. Los conocimientos progresan cada día, y los tratamientos son cada vez más eficaces. Entonces, puede aceptarse el dolor para luchar contra él, pero de ninguna manera hay que resignarse a sufrir diciendo que es normal.

Artrosis: respuestas a sus preguntas

Cada vez se habla más de la «condrocalcinosis». ¿Qué es?

En países occidentales es la segunda «artritis microcristalina» después de la gota. Sin embargo, es mal conocida. Su frecuencia aumenta a medida que se envejece, y la padece el 6% de la población entre 60 y 70 años. Y se llega al 50% entre quienes pasan de 90 años. Es debida a los depósitos de fosfato de calcio. Es frecuente que no se localice la causa, y puede ir asociada a una gota o a un mal funcionamiento de la tiroides. La forma más corriente de manifestarse es por medio de dolores articulares crónicos. El tratamiento consiste en dar antiinflamatorios o en inyectar corticoides en la articulación si los antiinflamatorios están contraindicados.

¿Puede ser necesario un bastón?

La mayoría de personas que sufren de artrosis no necesitan ayuda técnica alguna. Sin embargo, ciertas personas de edad pueden beneficiarse con algunas ayudas. Bastones, instrumentos para atrapar objetos en estanterías, asientos elevados en el cuarto de baño, barras de apoyo en las paredes, pueden mejorar considerablemente la autonomía. No hay que dudar en utilizarlos, ya que mejoran la vida cotidiana. El apartamento o el piso pueden estar acondicionados. Su médico es la persona más adecuada para aconsejarle.

¿Qué es el visco-suministro?

Se trata de un modo de tratamiento relativamente nuevo. Consiste en inyectar un gel transparente en la rodilla. Esta sustancia lubrifica el cartílago (un poco al igual que el aceite en el motor de un coche). Alivia el dolor y favorece una mayor movilidad, aunque esta técnica todavía es rara y poco usada.

¿Es totalmente necesario el reposo?

Es indispensable dedicar cada día algunos momentos al reposo, cualquiera que sea la fase de la artrosis. Reposar no es sinónimo de no hacer nada o de tumbarse. También puede consistir en llevar una tablilla, para que repose la articulación dolorosa, en cambiar de posición o de actividad, para disminuir la presión sobre las articulaciones.

¿Forma la relajación parte del tratamiento?

Sí, aprender a relajarse es muy aconsejable. Complemento indispensable del reposo y del ejercicio, la relajación disminuye el nivel de estrés. Y sobre todo, aumenta la eficacia de los momentos de reposo.

Léxico

ÁCIDO ÚRICO: ácido producido por la degradación de los ácidos nucleicos (ADN y ARN) del organismo y por la digestión de los alimentos ricos en ácidos nucleicos (hígado, mollejas, ciertos pescados y aves).

ADN (ÁCIDO DESOXIRIBONUCLEICO): molécula que contiene las informaciones necesarias para el desarrollo y el funcionamiento de un ser vivo. Es el soporte material de la herencia y el principal constituyente de los cromosomas.

ANEMIA: disminución de la cantidad de hemoglobina en la sangre.

ANTIOXIDANTE: sustancia que protege contra los radicales libres fabricados por el organismo en las reacciones de oxidación.

CAROTENOIDES: pigmentos presentes en los vegetales de color amarillo-naranja o rojo-violáceo que permiten protegerse de las quemaduras del sol. Los carotenoides tienen propiedades antioxidantes.

CONDROCITOS: células constructoras que aseguran la renovación del cartílago.

CORTICOIDES (CORTICOSTEROIDES): hormonas segregadas naturalmente por el cuerpo. El término designa también a los medicamentos a base de hormonas fabricadas químicamente para utilizar sus efectos antiinflamatorios.

ESTRÓGENOS: hormonas sexuales femeninas.

INMUNIDAD: conjunto de mecanismos de defensa del organismo.

INFLAMACIÓN: reacción localizada en un tejido, después de una agresión. Se manifiesta por rojeces, calor, hinchazón y dolor.

INSULINA: hormona segregada por el páncreas que permite la absorción del azúcar de la sangre por las células.

LÍQUIDO SINOVIAL: líquido presente en la articulación que sirve para lubrificarla a fin de facilitar el deslizamiento de las diferentes partes de la articulación en contacto.

OSTEOPOROSIS: fragilización del hueso ligada a la disminución de la densidad ósea.

FITOTERAPIA: medicina que cuida o previene las enfermedades por medio del uso de las plantas.

FLEBITIS: formación de un coágulo de sangre en el interior de una vena que obstruye la circulación.

POLIFENOLES: sustancias naturales presentes en numerosos vegetales (frutas, verduras, plantas aromáticas, cereales, granos) que tienen una acción antioxidante.

RADICALES LIBRES: moléculas inestables surgidas de una reacción implicando al oxígeno en el organismo (producción de energía, por ejemplo) que pueden perjudicar a las células al tratar de estabilizarse.

REUMATISMO: término que agrupa a toda enfermedad, aguda o crónica, que afecte a las articulaciones.

TINTURA MADRE: preparación medicamentosa obtenida por disolución de los principios activos de una planta o de un mineral después de su maceración en alcohol.

TRIGLICÉRIDOS: moléculas que almacenan y transportan las grasas en el organismo.

ÚLCERA: pérdida de la mucosa que recubre el cuerpo (piel) o las partes internas del organismo (intestino, estómago).

VITAMINA: molécula indispensable para el funcionamiento del organismo, que éste no puede sintetizar. Debe ser aportada por la alimentación.

Bibliografía

Trabajos

ALLEMAND H., ROUSSILLE B.: *Mal de dos: ouvrons le dialogue*. Comité Français d'Éducation de la Santé. Paris, 2002.

BOREL M.: *Ces plantes qui nous veulent du bien*. Albin Michel, Paris, 1998.

BOTTICELLI A.M.: *Les Plantes médicinales*. Gründ, Paris, 1999.

DUFOUR A., FESTY D.: *Toujours jeune grâce aux compléments alimentaires*. Marabout, Paris, 2003.

GERBER N.: *Livre de poche de rhumatologie*. Flammarion, Paris, 1995.

HAZELTINE M.: Guide pratique de rhumatologie. Gaëtan Morin, Paris, 1990.

MASSOL M.: *La Nutrimédecine*. PUF, Paris, 1998.

PALLARDY P.: *Plus jamais mal au dos*. Laffont, Paris, 2000.

PERROT S.: *Med-Line de rhumatologie*. Estem, Paris, 1996.

THÉODOSAKI J.: *L'Arthrose*. Édition de Falbis, Paris, 1998.

Estudios

BERENBAUM F.: *Anti-inflammatoires*. La revue du Praticien 1er mars 2003, tome 53, n° 6: 703-707.

BLANKENHORN G.: *Clinical effectiveness of Spondyvit (vitamin E) in activated arthroses. A multicenter placebo-controlled double-blind study*. Z Ort hop 1986, 124 (3): 340-343.

BURROWS M.: *Physiological factors associated with low bone mineral density in female endurance runners*. Br J Sports Med 2003, 37 (1): 67-71.

CHANTRE P.: *Efficacy and tolerance of Harpagophytum procumbens versus diacerhein in treatment of osteoarthritis*. Phytomedicine 2000, 7(3): 177-183.

CHEVALIER: *Arthrose*. La Revue du Praticien 15 mars 2003, tome 53, n° 6: 512- 515.

CRISWELL L.A.: *Cigarette smoking and the risk of rheumatoid arthritis among postmenopausal women: results from the Iowa Women's Health Study.* Am J Med 2002, 112(6): 465-71.

CURTIS C.: *The effect of Omega-3 polyunsaturated fatty acids on degenerative joint disease.* Agrofood industry hi tech 2003: 22-25.

ETTINGER W.H. JR: *A randomized trial comparing aerobic exercise and resistance exercise with a health education program in older adults with knee osteoarthritis.* The Fitness Arthritis and Seniors Trial (FAST). JAMA 1997, 277(1): 25-31.

HURLEY M.V.: *Improvements in quadriceps sensorimotor function and disability of patients with knee osteoarthritis following a clinically practicable exercise regime.* Br J Rheumatol. 1998, 37(11): 1181-1187.

JENSEN N.H.: *Reduced pain from osteoarthritis in hip joint or knee joint during treatment with calcium ascorbate. A randomized, placebo-controlled cross-over trial in general practice Ugeskr Laeger.* 2003, 165(25): 2563-2566.

LONG L.: *Herbal medicines for the treatment of osteoarthritis: a systematic review.* Rheumatology 2001, 40: 779-793.

MACHTEY I.: *Tocopherol in Osteoarthritis: a controlled pilot study.* J Am Geriatr Soc 1978, 26(7): 328-330.

MCALINDON T.E.: *Do antioxidant micronutrients protect against the development and progression of knee osteoarthritis?* Arthritis Rheum 1996, 39(4): 648-656.

MC ALINDON T.: *Glucosamine and chondroitin for treatment of osteoarthritis.* JAMA 2000, 283(11): 1-12.

REGINSTER J.Y.: *The prevalence and burden of arthritis.* Rheumatology (Oxford) 2002, 41 Suppl 1: 3-6.

REGINSTER J.-Y.: *Les Propriétés de la glucosamine.* J. Pharm Belg 2000, 55(5): 118-121.

SCHERAK O.: *High dosage vitamin E therapy in patients with activated arthrosis.* Z Rheumatol 1990, 49 (6): 369-373.

SHEPARD G.: *Ex-professional association footballers have an increased prevalence of osteoarthritis of the hip compared with age matched controls despite not having sustained notable hip injuries.* Br J Sports Med 2003, 37(1): 80-81.

VINCENT K.R.: *Resistance exercise and bone turnover in elderly men and women.* Med

Sci Sports Exerc 2002, 34(1): 17-23.

From Inuit to implementation: omega-3 fatty acids come of age. Mayo Clin Proc. 2000, 75 (6): 607-614.

HENROTIN, Y.: *Avocado/soybean unsaponifiables prevent the inhibitory effect of osteo-arthritic subchondral osteoblasts on aggrecan and type II collagen synthesis by chondrocytes.* J Rheumatol, 2006. In Press

Internet

Sitios de Internet consultados:

– http://www.osteoart.com
– http://www.arthrolink.com

Título de la edición original
Victoire sur l'arthrose

Es propiedad, 2007
© **Éditions Alpen,** Mónaco

Derechos vendidos a través de la Agente **Ximena Renjifo**

© fotografías
Eye Wire, Photo Alto, Image Source, Digital Vision, Brand X

© Ilustraciones: Sébastien Telleschi

© de la edición en castellano, 2008:
Editorial Hispano Europea, S. A.
Primer de Maig, 21 - Pol. Ind. Gran Via Sud
08908 L'Hospitalet - Barcelona, España.
E-mail: hispanoeuropea@hispanoeuropea.com

© de la traducción
Fernando Ruiz Gabás

Depósito Legal: B. 43586-2008

ISBN: 978-84-255-1820-1

Advertencia
Las informaciones contenidas en este libro no pueden reemplazar el diagnóstico profesional. Antes de cualquier automedicación se debe consultar a un médico o un farmacéutico.

Consulte nuestra web:
www.hispanoeuropea.com

IMPRESO EN ESPAÑA   PRINTED IN SPAIN

LIMPERGRAF, S. L. - Mogoda, 29-31 (Pol. Ind. Can Salvatella) - 08210 Barberà del Vallès